Rüdiger Krege

Erdichtet, oder ...?
... wahrscheinlich wahr?

Amüsante Verseschmiede

>Treffer auf Schuss und Schlag<

Danke!

Zum Entstehen dieses Büchleins haben viele Freunde und Förderer beigetragen. Sie ermutigten mich mehrfach, meine Verse, die sich aus verschiedenen Anlässen angesammelt hatten, in einem Sammelwerk aufeinanderzustapeln.

Hierzu gehört als Initiatorin zuvörderst die Düsseldorfer Künstlerin **Heidi Jastram,** die mir endgültig den Floh ins Ohr applizierte, sowie **ihr Sohn Michael** mit seinem trefflichen fachlichen Rat.

Karl-Heinz Raeck, ein begnadeter Karikaturist im Bundes-Verteidigungsministerium, hat die "Geschichte der Artillerie" und " ...der Fernmeldetruppe" so fabelhaft illustriert, dass eine seiner Zeichnungen den Buchtitel schmückt und die heitere Ambition des Autors bestens unterstreicht. Seine Witwe erlaubte mir schon vor 4 Jahren die Verwendung seiner Karikaturen.

Der **Koehler-Mittler Verlag** hat die Veröffentlichung der früheren Beiträge in der "Truppenpraxis" ebenso freundlich genehmigt wie der **"Golf Style International"** den "Regelkundigen". Besten Dank!

Meine **Ehefrau Gisela** ("Pukzille") hat sich mit ihren Schreibarbeiten, ihren technischen PC-Talenten und einer meist unverdrossenen fleißigen Mitarbeit als absolut unentbehrlich erwiesen, ebenso mit ihrer hilfreichen inhaltlichen Mitwirkung. Dafür sind ja auch ein paar freundliche Frotzeleien auf sie eingespeist.

Nicht zuletzt danke ich allen Menschen und Institutionen, die mir den Anlass für Spott und nachsichtige Kritik überhaupt erst geboten haben. Die Felder **"Militär"** und **"Golf"** bergen ja genug Ansätze zu launigen Kommentaren. Dass aber auch das direkte **familiäre Umfeld** so viel humorige Aspekte anbietet, habe ich erst allmählich erkannt, aber dann auch freudig glossiert. Alle "Opfer" meiner Sottisen sind übrigens mit der Publikation einverstanden, soweit sie noch leben. Auch ihre Nachkommen stimmten alle zu.

Die ohne Autoren bezeichneten Bilder sind dem PC-Programm 'Clipart' entnommen. Danke!

Autor Rüdiger Krege
72411 Bodelshausen. Oberhausener Str. 29
Tel. 07471-71660, FAX 07471-71877 Mail: rkrege@t-online.de

Bibliografische Information der Deutschen Nationalbibliothek:
Die Deutsche Nationalbibliothek verzeichnet diese Publikation in der Deutschen Nationalbibliografie, detaillierte bibliografische Daten sind im Internet über http://dnb/dnb.de abrufbar.

© 2016 Rüdiger Krege

Herstellung und Verlag

BoD - Books on Demand, Norderstedt

ISBN 9783741295294

Der Autor Rüdiger Krege

- Geboren am 04.03.1939 in Schneidemühl/Pommern
- 1945 Flucht an die Ostgrenze der Elbe >> DDR
- 1950 nahm mich meine Tante mit in den Westen
- 1954 folgte die Restfamilie nach Öhringen/Wttbg.
- 1950-1959 dortiges Hohenlohe-Gymnasium, Abitur
- **1959-61 Ausbildung zum Raketen-Artillerieoffizier**
- 1961-70 Zugführer, Offizier im Stab, 2x Batteriechef
- 1970-72 Generalstabsausbildung in Hamburg
- 1972-86 zahlreiche Generalstabs-Verwendungen
- 1986 freiwilliger Abschied aus der Bundeswehr
- ab 1986 mehrere gewerbliche Führungstätigkeiten, dabei
- 1989-1996 Geschäftsführer zweier Golfanlagen
- seit 1997-heute freiberufliche Tätigkeiten und gut ausgelasteter "Rentner".

Vorwort zu diesem Buch:

Bereits in meiner Schul- und Jünglingszeit reizten mich die lustigen Reime von Wilhelm Busch und Heinz Erhard. Das setzte sich im Soldatenberuf fort, weil immer am Tag der Heiligen Barbara am 04.12. j. J. auf die Obrigkeit geschossen werden durfte/musste.

Den eigentlichen Startschuss gab mein Bataillons-Kommandeur Willy Rieke: Ich sollte ihm für seinen Rotary-Club in 4 Wochen einen 20-Minuten-Vortrag über "Die Geschichte der Artillerie" ausarbeiten.

Die Artillerieschule schickte mir dazu einen Riesenkarton voller Material. Unmöglich und sinnlos, daraus Akademisches zu basteln!

Also entstand das kreative Produkt nach Seite #9 ff., das ich meinem Kommandeur 2 Tage zuvor überreichte. Der warf einen kurzen Blick auf das Papier und schrie entsetzt auf: "Sind Sie verrückt geworden? Den Scheiß kann ich doch nicht vortragen!"

Ich erklärte ihm, er hätte mir ja freie Hand bei der Durchführung gelassen; jetzt sei es zu spät. Brummig nahm er das Papier an sich.
Drei Tage danach kam er freudestrahlend zum Dienst. "Alle waren begeistert! Ein Klasse-Vortrag, Krege!" Eine 'Karriere' war geboren

Inhaltsverzeichnis

Nr.	Kapitel/Titel	ab Seite
	Leerblatt	1
	Wiederholung Buchtitel, Buchtechnik	2
	Vorwort	4
	Antrieb und Autor	5
	Inhaltsverzeichnis	6
A	**Militaria**	**8**
1.	Geschichte der Artillerie	9
2.	Geschichte der Panzertruppe	19
3.	Geschichte der Fernmeldetruppe	30
4.	Vom Bäumlein, das andere Blätter hat gewollt	42
5.	Philosophie um einen Anschiss	52
6.	Der Papst der Artillerie - rätsel-haft!	58
7.	'Meine' Raketen-Batterie in Delmenhorst	61
8.	'Mein' Honest John im scharfen Schuss	62
9.	Zum Abschied eines Seebären	63
B	**Zum Thema Golf**	**67**
1.	Der mögliche Golf-Titel	67
2.	Zur Einstimmung des Lesers	68
3.	Die Golf-Etikette	71
4.	Kleine Golfer-Typologie	72
5.	Dem Golfanfänger	74
6.	Der Ehrgeizige	76
7.	Der Eigenchronist	78
8.	Der Regelkundige	81
9.	Die Vielgeliebte	87
10	Der Wortkarge	92
10.	Kleines Missverständnis	98
11.	Naturerlebnis	99
12.	Shorties aus dem Golfer-Dasein	102

C	**Unsere Kernfamilie**	119
1.	Ruth Krege ist da!	120
2.	Uns Muttern wird 80, in Dezennien	121
3.	Uns Muttern wird 85	130
4.	Wir: 2 x 25 Jahre zusammen	138
5.	Nachtversammlung	142
6.	Huhn Pukzille	151

D	**Die Großfamilie**	154
1.	Himmlische Quotenregelung	155
2.	Onkel Heinz wird ständig jünger	163
3.	Kutscher Heinrich zum Achtzigsten	166
4.	Tante Henny wird 80	173
5.	Schwester Ilsetraut wird 50 (auf 70)	180
6.	Der Dietrich nicht!	188
7.	Im Zeichen der Windrose bei CA & TO	204
8.	Nach dem Spiel ist vor dem Spiel, bei KI-CA	211
9.	15 Jahre Voll-Ehe bei Staffarts	221
10.	Ein Arztbesuch in Cannstatt	230

E	**Zugaben**	241
1.	Die Kerker-Folter - Ein Gruselschocker	242
2.	Die Geschichten von den zwei Igeln	245
3.	**Allerwelts-Jubiläum, Huldigung**	249
4.	Der Frauen Gedankengut	252
5.	Ein paar Grüße aus Limerick	258
6.	'Gewonnenes' Preisausschreiben 1970	260
7.	Sinnsprüche – Sens und Nonsens	264
8.	Leerseite für Notizen	267

Militaria

In der Truppe herrscht allgemein ein rauer, aber herzlicher Ton, der von der gegenseitigen Kameradschaft und einem ausgeprägten Rechts- und Pflichtbewusstsein bestimmt ist.

Keine Frage - der Soldat wird in einer speziellen Weise geprägt - und das keineswegs negativ.

Meine 7 Jahre bei der Führungsakademie, - davon 5 Jahre als Verantwortlicher für die Curricula und Strukturen der Lehrinhalte - haben den Blick geweitet über die Teilstreitkräfte und Truppengattungen hinaus. Ich konnte davon auch in meiner späteren gewerblichen Führungstätigkeit profitieren.

Zu einigen Offizierskameraden hatte ich naturgemäß ein besonders gutes Verhältnis - einem Panzermann und einem Fernmelder. Sie wurden damit zwangsläufig zu Objekten meiner Spottlust.

Die übrigen Beiträge sind eine Auswahl aus einem größeren Fundus, vorzugsweise aus den (karnevalistischen) Barbarafeiern, bei denen - zu Recht -traditionell nur die Mannsleute versammelt waren.

Genehmigte Übertragung aus der "Truppenpraxis" Nr. 5/1969)

Die Geschichte der Artillerie

Eine nicht ganz ernsthafte Chronologie

Hauptmann Rüdiger Krege

Der Menschheit Wege sind blamabel:
Schon seit der Zeit von Kain und Abel
Wird Krieg geführt; doch war'n die Waffen
Zunächst recht primitiv beschaffen.
Denn man erschlug sich lange Weile
Mi Knüppel, Steinbeil oder Keule -
Bis irgendwo ein kluger Mann
Das erste Wurfgeschoss ersann.

Für's Kampfgetümmel, Blut-Gebade,
Da dünkte sich der Herr zu schade.
Er stand im Hintergrund alleine
Und warf ins Feindheer ständig S t e i n e.
Damit, was klar erwiesen ist,
Wer er der erste Artillerist,
Denn er verwandte mit Artistik
Die Grundgesetze der Ballistik.

Dank dieser Art Gefechtsgestaltung
Verfiel der Feind zu neuer Haltung:
Er ging in Deckung; und lag bald
Erschlagen, aufgeschlitzt und kalt.
Dem Wurfstein aber folgte schnell
Der S p e e r als neuestes Modell.

Doch hochmechanisch wird's erst bei der
Brillanten Konstruktion der S c h l e u d e r .
Hier macht der Artillerist schon halt
Mit nackter Brachialgewalt.

'Nen Stein, gelegt in Lederschlingen,
Gilt wüst es um das Haupt zu schwingen,

Bis er mit Wucht und irgendwann
Zum Feinde zischt im Affenzahn.
Den Bibel-Goliath schickt so
Der kleine David ins K.O. -
Womit sich wieder mal beweist:
Hier siegte Artilleristen-Geist! -

Doch bald schon neues Stückgut spie
Jetzt aus die Rüstungsindustrie.
In neuen Waffenkatalogen
Taucht plötzlich auf der P f e i l u n d B o g e n.
Mit dieser Art Gerätausstattung
Entsteht 'ne frische Waffengattung:

Geschlossen sieht ins Feld man zieh'n
Die ersten A r m b r u s t - Batterien.
Mit ihrer Hilfe siegen Römer
Und Griechen plötzlich viel bequemer.
Doch nutzten auch die Herrn vom Tiber
Das K a t a p u l t als Schwerstkaliber:
Ein Wurfarm wird mit Ochsensehnen
Gespannt, bis sich die Fasern dehnen.
Als Munition lud man dann ein
'Nen gut geformten Klafterstein.
Dann drückt man ab: 400 Meter

Reicht das Geschütz der Ur-Ur-Väter!
Und hat geknackt auf lange Dauer
So manch solide Festungsmauer.

Doch plötzlich stoppt der Rüstungs-Boom
Fortan durchs ganze Altertum.
Denn erst nach tausend Jahren Pause
Entdeckt ein Mönch in seiner Klause,
Herr Berthold Schwarz, sonst Alchimist,
Ein Pulver, welches brennt und schießt.

Das bringt die Waffenfertigung
Ganz unversehens neu in Schwung;
Mit dem Effekt, dass es nun bald
In ganz Europa furchtbar knallt.
Wobei sich grad die Artilleristen
Mit donnernden G e s c h ü t z e n brüsten.
Dabei besteht - kein Grund zum Stolz! -
Das Rohr aus Leder oder Holz.
Von vorn wird Pulver eingestopft
Und dann die Kugel aufgepfropft;
Drauf spricht man hastig ein Gebet,
Dass nicht der Schuss nach hinten geht:
Mit zwiegespaltener Empfindung

Erfolgt danach die Luntenzündung.
Denn oftmals fliegt den Matadoren
Der Plunder um die eig'nen Ohren. -

Doch schon im folgenden Jahrhundert
Entsteht ein Fortschritt, der verwundert,
Denn Eisenrohre und Lafette
Sind Glieder der Entwicklungskette,
Und bald belebt das Kriegstheater
Der gute alte Hinterlader.

Zur Protze kommt man und zum Ross,
Und es entsteht das Langgeschoss.

Haubitzen gibt es und Kanonen
Kompakt in ganzen Bataillonen.

Und als Bezeichnung taucht jetzt neu
Der Name auf: "Artholerey".
Das kommt von "ars" (lateinisch): Kunst,
Und heißt so wirklich nicht umsunst:
Nicht nur, dass man zum guten Schuss
Ein helles Köpfchen haben muss;
Hier fordern Feuer und Bewegung
Berechnung, Mut und Überlegung.

So dient hier kaum - das ist kein Tadel -
Der forsche, doch meist dumme Adel
Als Offizier. Die Bürgersöhne
Besetzen meist die Stellenpläne.

Als Freund von Qualm und Pulverblitz
Erweist sich dann der Alte Fritz.
Der Waffe Wichtigkeit erkennt er
Und schafft sich ganze Regimenter,
Mit denen er in mancher Schlacht
Recht positiv Erfahrung macht.
Auf Hügeln, nah der HKL,

Gewinnen sie manch Schussduell;

Alle Zeichnungen von Karl-Heinz Raeck

Und trifft auch selten mal ihr Feuer;
Wirkt's doch moralisch ungeheuer! - ,

Napoleon, der Korse, ist
Von Pike auf ein Artillerist.
Dadurch allein wird ziemlich klar,
Warum er so erfolgreich war.
'Nicht kleckern, sondern klotzen!' lehrt er.
Nach der Devise auch verfährt er.
Und schießt bei Wagram - ungeheuer! -

Aus hundert Rohren Dauerfeuer.
So siegt er denn, noch langer Nacht,
In blutiger Entscheidungsschlacht.
Die Preußen folgen seiner Spur
Bei Königgrätz und Mars-la-Tour.

Und dann erscheint auf breiter Front
Der Weltkrieg Eins am Horizont.

Ein neuer Gag wird hier entdeckt:
Man feuert nur noch indirekt!
Denn bisher kannte man das nicht:
Man schoss direkt und nur auf Sicht.

Jetzt wird es vorne zu riskant,
Drum weicht man aus ins Hinterland.
Allein bleibt vorn auf kahler Höh
Zwecks Feuerleitung der VB [*)].

[*)] = vorgeschobener Beobachter

Und so entsteh! auf Frankreichs Acker
Das größte Artillerie-Massaker.
Doch auch auf See und in der Luft
Wird ohne Unterlass gepufft.

Im Lauf des Zweiten Weltkriegs wird
Ein Großteil voll motorisiert,
Und es entwickelt sich hier neu
Die S t a l i n o r g e l und V 2. -

Noch größer ist an Wucht und Zahl
Das heut'ge Waffenarsenal;
Besonders sind es die Raketen,
Die drohend in das Blickfeld treten.
Zwar sind viel früher die Chinesen
Raketenbauer schon gewesen;
(Das war vor fast 2000 Jahren).
Doch heut bestehen die Gefahren,
Dass die modernen Schreckenswaffen
Das Chaos auf der Erde schaffen.

Das ist zugleich jedoch die Chance
Zum künft'gen Frieden: die Balance
Der Rüstung zwischen Ost und West
Auf einen Ausgleich hoffen lässt.

So gelte nun der Ruf "ZU-GLEICH!"
Für einen besseren Bereich!

Die Geschichte der Panzertruppe (1970)
(eine nicht ganz ernsthafte Chronologie)

Hauptmann Rüdiger Krege

Der Mensch erkannte wohl schon immer

Seit seinem ersten Geistesschimmer,

Dass ihn, und sei er noch so knöchern,

Des Feindes Waffen leicht durchlöchern.

Es half kein noch so dickes Fell:

Durchbohrt, erschlagen war man schnell.

Zum Schutz vor Speeren, Beilen, Pfeilen,

Vor Schwertern, Hellebarden, Keulen,

Kurz: dass man ihn nicht leichthin killt,
Ersann der Krieger sich den S c h i l d .

Seit dieser Zeit besaß der Landser,
Wenn auch nur halbwegs, einen Panzer.
War dieser meist auch nur aus Holz,
Wuchs früh doch erster Waffenstolz.
Bald hatten, allseits wohlbeschildet,
Die Griechen P h a l a n x e n gebildet,
Vor denen Perser und Asiaten
Ganz furchtbar Muffensausen hatten,
Weil dieser feste Abwehrblock
Den Gegner knochentief erschrock.

Dann aber mochten kühne Recken
Sich länger nicht im Pulk verstecken.
'Wir wollen', riefen sie, ‚statt gammeln,
Als Einzelkämpfer Lorbeer sammeln!'

Doch mochten diese Herrn mitnichten
Auf gute Panzerung verzichten.
Drum forderten sie überlaut
'ne rundum feste Schutzeshaut.

Inzwischen war am Rüstungsmarkt
Ein echter Panzertyp erstarkt,
Der, weil er hoch mechanisiert,
Die besten Militärs schockiert.
Es war der D r a c h e ; seine Daten
Den klugen Konstrukteur verraten:

Er war komplett geländegängig,
Von Öl und Fetten unabhängig;

Geschwind durchschwamm er die Gewässer,
Sein Motor war ein Allesfresser,

Und trotz der fehlenden Kanonen
Entwickelte er Feuerzonen,
In denen seine Feinde schlimm
Verschmorten (siehe Brüder Grimm).

Am meisten kamen ihm zustatten
Die meterdicken Panzerplatten,
Die allseits schuppig und aus Horn
Ihn hinten schützten und auch vorn.

Erst Siegfried, unser kühner Ahne,
- Bekannt als Renommiergermane -
Vermochte ihn noch zähem Ringen
Mit List und Tücke zu bezwingen.
Nachdem ein Blut-Bad er verrichtet,
War rings er PVC-beschichtet
Und bis auf einen Punkt im Nacken
Von keiner Panzerfaust zu knacken.

Die Umwelt sah mit scheelem Blick
Auf diesen Helden in Aspik.
Denn er blieb selbst den kühnsten Degen
Kraft seiner STAN[*)]weit überlegen.

*) Stärke- und Ausrüstungs-Nachweis

Wie schließlich dennoch er bezwungen,
Singt uns das Lied der Nibelungen:

Frau Kriemhild hatte unbedacht
Das Faden-Kreuz ihm aufgebracht.
Kaum hatte er - im Wald auf Jagd -
Bei einer Rast am Quell gesagt:
"Wie gern ich doch an diesem Teich weil",
Stieß Hagen ihm sein Schwert ins Weich-teil.

Nach diesem Meuchel blieb bis heut
Bestehen der Gelehrtenstreit,
Ob Siegfrieds Schwarte ungegerbt
Auf seine Kinder wär vererbt?
So dass bei uns heut jeder Dritte
Mit Hornhaut durch die Gegend schritte.

Der Durchschnittskrieger wollt' am Drachen
Sich lieber nicht zu schaffen machen.
Drum wurde der Gedanke laut,
Dass man sich Panzer selbsten baut.
So packte man von Kopf bis Bein
Die Helden in die Rüstung ein,
Auf dass sie unter Feindeshieben

Ganz unverfror'n am Leben blieben.
In dieser leichenarmen Zeit
Entstand die Zunft der Rittersleut,
Die häufig sich - weil kaum riskant -
Im Kampfturnier zusammenfand.

Doch ging's mit ihnen steil bergab,
Seitdem es Blei und Pulver gab.
Der Panzermann versagte kläglich,
Erschien porös und unbeweglich.
Drum trug man unter Katzenjammer
Sein Blechkleid auf die Bodenkammer.
Dem Krieger blieb nur als Relikt
Der (Stahl)Helm; der bis heut ihn drückt.

Der Panzer, auf der schwarzen Liste,
Blieb lang nun in der Mottenkiste
Und ist nach langen Zeitepochen
Ganz schamhaft erst hervorgekrochen,
Seit plötzlich der Benzinmotor
Ihm Kräfte gab wie nie zuvor.
Ein deutscher Hauptmann namens Schneider
Erfand die K e t t e ; aber leider
Wollt niemand in Berlin verbissen

Vom "Ra u p e n w a g en" etwas wissen.
Den Nutzen besser hat erkannt
Der Weltkriegsgegner Engelland.
Der erste Seelord, Churchills Winston,
Litt keineswegs an Hirngespinsten:
Mit stark gepanzerten Traktoren
Die starren Fronten zu durchbohren.

Im zweiten Kriegsjahr war erstellt
,,B i g W i l l i e", Panzer eins der Welt.
Zwar fuhr der seine Achter-Mannschaft
Noch etwas stuckrig durch die Landschaft,
War grob vernietet, riesengroß,
Ein rhombenförmiger Koloss.
Und sein Kanön-chen trug er vorn
Ganz wie des Knaben Wunderhorn;
Doch kaum erschien er auf dem Feld,
Gab deutscherseits man Fersengeld.
Auf breiter Front war zu entdecken
Entsetzen, Panik, Angst und Schrecken,
Weil dies moderne Ungeheuer
Immun blieb selbst im stärksten Feuer.

Schon nach den ersten Panzerschlachten
Kam dann das 'AUS' am 8. 8.   [1918 d. Verf.],

Weil in Amiens in hellen Scharen
Die Panzer durchgebrochen waren.

Bald folgte das Versailles-Diktat.
Dort drohte man dem deutschen Staat,
Man würde ihm den Ruhrpott klauen,
Versuchte Panzer er zu bauen.

Derweil Franzosen, Russen, Briten,
Zu neuen Konstruktionen schritten,
Fuhr'n bestenfalls bei uns Attrappen
Aus Fahrrad, Leisten, Leim und Lappen.

Doch kam grad dieses Mangels wegen
Die Zeit der großen Tankstrategen,
Weil Abstinenz in Sachen Praktik
Die Kräfte freigab für die Taktik.

So bastelte Guderian
An einem genialen Plan:
Der Feind - so lehrt er - sei zu knacken,

Durch starke Panzerkeil-Attacken,
Die tief ins Hinterland ihm dringen
Und Kesselbildungen erzwingen.
Begleiten dabei sollte sie
Die aufgesess'ne Infanterie.

Mit Nachdruck wurde dies Rezept
Im Zweiten Weltkrieg angestrebt.
Der ,,Blitzkrieg", der in Ost und West
Die Gegner herzhaft zittern lässt,
Führt sein (vorerst) geglücktes Ende
Zurück auf Panzer-Großverbände,
Die sich trotz neuer Abwehrwaffen
Ganz unerhört Respekt verschaffen.

Im Zuge dieses Zauberbannes
Entstand der Typ des Panzermannes,
Der noch dem Motto: ‚Immer droff !'
Vor lauter Selbstbewusstsein troff.
Sein Fahrzeug, das mit Donnerlärm
Den Feind erschreckt bis ins Gedärm,

Ziert er mit sich und seinem Käppi,
Und fühlt sich im Gefecht erst happy.
Ging es nach ihm, würd ohne Zucken
Im Kampf er aus den Luken gucken;
Weil, wer sich schon als König fühlt,
Nicht immer gleich noch Deckung schielt.

Verstaubt in Angesicht und Lungen,
Meist zwergenwüchsig und gedrungen,
(- Weil diese Arten von Insassen
   Am eh'sten in den Panzer passen -)
War'n sie doch alle Prachtgestalten,
Bei denen Mut und Kühnheit galten.

Bad stellte Russland die Partie
Durch neue Panzer auf Remis.
Im Kampf T 34 - TIGER
Bleibt auch schon mal der Iwan Sieger,
Der, da er schneller produziert,
Allmählich überlegen wird.
Der neue PANTHER kommt so spät,
Dass Deutschland in die Knie-e geht.

Der Start der neuen Bundeswehr
Wurd panzerseitig äußerst schwer.
Doch kommt seit kurzem man in Fahrt
Mit uns'rem neuen LEOPARD.
So wie der fährt und schießt und taucht,
Er keinen Feind zu fürchten braucht.

Wir hoffen nur - sein Ruf in Ehren! -
Er braucht sich nie mehr zu bewähren!

(genehmigte Übertragung aus "Truppenpraxis" 10/1972)

Die Geschichte der Fernmeldetruppe
- eine *nicht ganz ernsthafte Chronologie* -
Major Rüdiger Krege

Jedweden Menschen drängt's zuweilen,
Sich seiner Umwelt mitzuteilen.
Durch Mimik, Laute und Gebärden
Sucht er sein Drangsal loszuwerden,
Wobei er gleichfalls ungeniert
Nach fremden Neuigkeiten spürt.
Mit Auge spürt er und mit Ohr.
So herrscht in jedem Menschen vor
- sei's Gruppenmitglied, Einzelgänger -
Ein Klasse-S e n d e r und E m p f ä n g e r.

Seit alters nutzt das Militär
- in einer Art Intimverkehr -
Dies Faktum aus ganz unverhohlen:
Gemeldet wird hier und befohlen.
Doch wollt es lange Zeit nicht glücken,
Distanzen so zu überbrücken,
Dass eine Nachricht up-to-date
Dem Feldherrn zur Verfügung steht.

Trotz riesiger Entwicklungsgelder
Gelangten unsre Ur-Fernmelder
Zunächst einmal zu sehr obskuren
Und ziemlich schlichten Prozeduren:
Sie schickten einfach 'nen K u r i e r.

Bekannt ist uns als Beispiel hier
Der Nuntius von Marathon;
Trotz der Olympia-Ovation
Darf nichts uns zu dem Schluss verleiten,
Als wär'n das Glanz-Fernmeldezeiten!
Verfolgt von Wölfen und von Räubern,
Bedroht von argwohnträcht'gen Weibern,
Blieb grad ihm Zeit, "Gesiegt!" zu japsen,
Um fortan tot zusamm'nzuklappsen.

War seine Botschaft überdies
Mal negativ, dann ging's ihm mies:
Der Feldherr probte ungestört
An dessen Hals sein scharfes Schwert.
So gab's trotz derzeit regem Sex
Verteufelt wenig Zatopeks.
Ein kluger Mann, wie Ibikus,
Hielt sich da lieber fern vom Schuss.

Er, welcher Kraniche verschickt,
Hat vor dem Wehrdienst sich gedrückt.

Man sieht ganz klar: in dieser Zeit
Herrscht pure Mittelmäßigkeit.

Ein erster Fortschritt ist zu sichten,
Als Menschen Götter sich verpflichten.
Das Los von Troja ist besiegelt,
Nachdem sich H e r m e s , fußbeflügelt,
Massiv in den Konflikt einschaltet
Und den Fernmeldekram verwaltet.

Dies Maß an Kommunikation,
Selbst zum Olymp, gab's selten schon!
Der Gott der Diebe und der Krämer
Ist so 'n bequemer Arbeit-Nehmer,

Dass heut noch Gelbe laut begehren,
Als Stammesvater ihn zu kören ...

alle Zeichnungen von Karl-Heinz Raeck

Jetzt geht auch die Entwicklung los.
Das Repertoire wird sichtbar groß.
In China lässt mit großen F e u e r n
Man sich die Feindnachrichten steuern,

Es wendet trickreich Dschingis Khan
Die ersten F l a g g e n z e i c h e n an,

Mit R a u c h w e r k morsen Indianer,
Auf T r o m m e l n klopfen Afrikaner,
Und im zerstritt'nen Abendland
Nimmt G l o c k e n l ä u t e n überhand,
Weil allenthalben wilde Haufen

Gewaltsam durch die Gegend laufen.
Besonders war'n in deutschen Grenzen
Belegt die Glockentonfrequenzen.

Wurd' irgendwo 'ne Burg belagert,
War meist man baldig abgemagert.
Aus solcher Lage hat befreit
'Ne Nachricht einst vor langer Zeit.

Ein deutsches Städtchen hielt seit Wochen
Sein kleines Bollwerk ungebrochen.
Vertilgt mit Haut und Haaren hatten
Die Bürger längst die letzten Ratten.
Schon sah man sich als Frikassee.
Da hatte jemand 'ne Idee:

»Wir müssen", sprach er, "glauben machen.
Wir hätten Vorrat mannigfachen.
Und könnten leichthin überwintern!" -
Ein nacktes Weib mit dickem Hintern
Ließ drob man auf den Mauern kauern.
Den gegnerischen Fleisch-Beschauern
Kam das tatsächlich üppig vor.
Das war ein Schlag in ihr Kontor!

Zwar schlug auch dieser Po schon Falten,
Doch blieb es jenen vorenthalten.
Im übrigen bekam man schwüle
Und stalldrang-artige Gefühle.

So wurd' verbittert und verdrossen
Der Abzug kurzerhand beschlossen.
Da deshalb ganz Europa lachte
Und sich darüber lustig machte,
Schuf man nach obigem Fauxpas
Als Gegenwehr die E l o k a *).

*) <u>E</u>legant-<u>l</u>ogische <u>O</u>rtung <u>k</u>ampf-entscheidender <u>A</u>ttribute
seit kurzem umbenannt In: <u>E</u>lektr<u>o</u>nische <u>K</u>ampfführung,

Ihr Auftrag: künftig die Gesäße
Auf Echtheit prüfen und auf Größe;
Und auch durch Lauschen, Orten, Sehen,
Den Gegner technisch auszuspähen.
Die Eloka wirkt mit Geschick
So bis zum heut'gen Augenblick ...

Zurück zum Kern: Ab 1800
Entsteht ein Fortschritt, der verwundert:
So kommt's, dass H u n d e und auch T a u b e n
Beschleunigt Meldungen erlauben;

In Frankreich müht sich ein Herr Chappe
Mit seinem „T e l e g r a p h e n" ab:

Ein hoher Mast mit Winkerkellen,
Lässt sich mechanisch so verstellen,
Dass man mit knapp 200 Zeichen
Den fernen Partner kann erreichen.
Die Leistung solcher Mordsgestelle:
Pro Halbtag etwa 5 Befehle.

Doch immerhin: Napoleon
Gibt ihnen Legitimation.

Er nutzt die Dinger ganz emphatisch.
Derweil wir Deutschen telepathisch
Uns holder Einfachheit erfreun,
("Ja winken mit den Äugelein
Und - leise - treten auf den Fuß"),
Ist er zu preußischem Verdruss
Best-orientiert von A bis Z,
Und siegt bei Jena-Auerstedt.

Nicht lang, nachdem M a r c o n i s Test
Die Fröschebeine zucken lässt,
Und M o r s e neue Zeichen findet,
Wird Preußens Tele-Crew gegründet.

Ein hoher Leistungsstand ergibt sich
Im Krieg von 1870,
Wo Deutschlands flotte "Kabelaffen"
10 000 Kilometer schaffen!

Bald folgt der Funk, dann Weltkrieg eins;
Dann Sendepause rechts des Rheins.

Der P a n z e r f u n k im Weltkrieg zwei
Trägt zu den Blitzerfolgen bei.
Doch führt das R a d a r der Allianz.
Zum Schluss zur besseren Bilanz.

Die Bundeswehr-Fernmelderei
Entwickelt sich seit kurzem neu:
Bei diesem Teil Soldatenstand
Nimmt jetzt die Technik überhand.
So dass, wer gelbe Spiegel führt,
Als Spezialist sich stilisiert.

Wie das den Menschen doch verändert!
Oft blass jetzt, brillenglas-berändert.
Ein Klopstock mehr als Marschall Blücher,
Für's Erdverbund'ne ohne Riecher,
Gewohnt, an Knöpfen und an Rasten

Sich elektronisch vorzutasten,
Die Sprache technisch so versaut,
Dass es den Humanisten graut,
Beherrscht doch jeder sein Metier,
Und ist ein Wirbel der Armee.

Die Zukunft ist kein Rätselraten:
Schon gibt es erste A u t o m a t e n ,
Die Fernverbindung scheint stabil,
G e f e c h t s f e r n s e h n ist nächstes Ziel.
Verschlüsselt wird jetzt maschinell:
Das macht den Gang noch mal so schnell.
Die Zunft, die ziemlich lange schlief,
Wird neuerdings erst recht aktiv.
Erstmalig in der Weltgeschichte
Ist fast so schnell sie wie ... Gerüchte! -

Was wär das eine große Wende,
Funkt weltweit es mal: "Ü b u n g s e n d e !"

Aus der Zeitschrift "Truppenpraxis", Leserbriefe

>> Gespräche im Heer <<

Zur "Geschichte der Fernmeldetruppe" Heft 10/1972 schreibt Leutnant Kai Timpe:

>> *In dem chronistischen Beitrag*
„Die Geschichte der Fernmeldetruppe"
von Major Rüdiger Krege
hat die historische Persönlichkeit des Herrn Marconi
ihre Verwechslung mit der des Arztes Galvani erhalten.
Dies ist historisch und sachlich falsch. <<

Hierzu der Autor der „Chronik":

Betr: **Ihre Kritik an meinem Beitrag; in Heft 10/1972**

Ach sehr geehrter Leutnant Timpe.
Wie sehr bedrückt mich Ihr 'Geschimpe'!
Ich fühle mich skandalumwittert:
Jetzt hab ich gar geschichtsgeklittert!
Doch tat ich's ganz in gutem Glauben
Und wollte keinem Lorbeern rauben. -
Vielleicht lösen wir des Ärgernis
Zu zweit durch einen Kompromiss?
Ich sag als Nicht-Prinzipienreiter:
Der Frosch-Mann war ein „Gastarbeiter"!
Ob nun Galvani, ob Marconi:
Sein Leibgericht war Makkaroni.
Wenn Sie das weiterhin erbost,
Dann gibt's für Sie den einen Trost:
Die Umwelt denkt oft ordinär;
Nur echte Könner wissen mehr!

Vom Bäumlein, das andere Blätter hat gewollt

(Ein fast wahres Märchen, frei nach Friedrich Rückert)

Anlass: (Karnevalistische) Barbara-Feier, 04.12.1967
beim Raketenartilleriebataillon 112, Delmenhorst
Betrifft: Ernst Pannen, neuer Kommandeur RakArtBtl 112
(versetzt vom Verteidigungsministerium zur Truppe)
*#) *Übrige Namen wegen Datenschutz leicht verändert*

Und flehte: „Lieber Gott, ich hätte
So gern doch einen andern Namen!
Nicht Pannen, sondern – ... anders!! Amen!"
Frau Edith schreckte aus den Federn,
Bereit, den Schweiß ihm abzuledern,
Und wollt von ihrem Ernst erfahren,
Wozu das neue Bettgebaren.

Da sprach er: „Nomen ist gleich Omen.
Dank meines Vaters Chromosomen,
Der auch natürlich Pannen hieß –
War mit mein Schicksalsweg gewiss!
Die 112er nennt man schon
Ringsum das „Pannen"- Bataillon.
Was ich beginne, will nicht glücken,
Stets geht mir etwas in die Wicken.

Den ersten Anschiss gab es schon
Alsbald nach Wolkes*[1)] Inspektion.
Und unter einem Alpdruck ächz ich,
Denk ich des Paragraphen § 60. [2)]

Aus Köln kam dann ein General,
Zu sehn das Fehl an Personal.
Er machte gleichfalls sich Notizen
Und ließ mich ohne Hilfe sitzen.

Doch nicht genug: beim O-R-I [(3)]
Fiel durch die 4. Batterie.
Beim Putlos-ATT[4)] der Zwoten
Mir ständig Schlaganfälle drohten.
Und das Ergebnis bei der Dritten
War ebenfalls nicht unumstritten.

*1) = Divisionsprüf-Ingenieur
2) = TÜV-ähnliche Inspektion für Kfz und Geräte
3) = **O**perational **R**eadyness **I**nspection, Einsatz-Test
4) = **Annual Training Test,** auf TrÜbPlatz Putlos
    (= *scharfe Einsatz-Überprüfung der Raketen-Batterien)*

Beim Dienstgrad-Unterricht von **Behrke** [*5)],
(Ansonsten wirklich seine Stärke),
Doch eilends angesetzt für **Üchtritz** [6)],
Da sprühte **"Otto"** wie ein Lichtblitz:
„Und wenn ich sage, das war Mist,
Dann war es Mist, damit ihr's wisst!"
Wobei er mich derart fixierte,
Dass ich das wie 'nen Blattschuss spürte.

Der **Wasmus** [*7)] kam zum Dienst nur eben,
Zu zeigen, dass er noch am Leben.
Und die Beschwerdeflut macht **Öster** [*8)]
Mit jedem Tage aufgelöster,
Wobei noch **Heeb** [*9)] mit großer Kunst
Den Sinn der WDO[10)] verhunzt.

Auch der **TO** [11)] im Stab bei mir
Befehdet heftig den **S 4** [12)],

    *5) = Hauptmann, Batterie-Chef
    *6) = Generalmajor Otto Üchtritz, Divisionskommandeur
    *7) = Leutnant, Zugführer
    *8) = Bataillons-Fernmelde-Offizier
    *9) = Oberleutnant und stv. Batterie-Chef
    10) = Wehrdisziplinarordnung
    11) = Technischer Offizier im Btl-Stab
    12) = Logistik-Offizier im Btl-Stab

Der seinerseits sich revanchiert,
Und die Versorgung ihm blockiert.

Mit starrem Sinn macht der **S 3** *13)
Sich selten mal vom Schreibtisch frei.
Und oft vollführt der 3-fach-Vater
Ganz grundlos **Ohnesorg**-Theater.

Der Einzige im Stab, so scheint's,
Der arbeitet, ist der S 1 14).
(Hier Anmerkung der Redaktion:
>Er irrt sich schon! Er irrt sich schon!<)

Doch weiter geht's – es wird noch netter:
Mit einem Riesendonnerwetter
Schloss ab die letzte Inspektion,
Veranlasst durch die Division.
Mit Einzelzimmern, weißen Betten,
Gedachten Wellen wir zu glätten.
Jedoch der Prüfer Wieselmann
Sah mürrisch uns're Diesel an,

*13) =Major Sorgloss   =S3-StabsOffz & stv. Btl-Kommandeur,
14) =(Autor) OLt. Krege, =S1-Offz für Personal & Sicherheit

Und holte mit Alarmgeschrei
Die halbe Division herbei ...

Der Kommandeur vom Regiment,
Den hier ansonsten keiner kennt,
Er kam; und weiterhin mitsamt
Ein Oberst fern vom Heeresamt.

Als Höhepunkt erschien dann "Otto"
Mit vorerwähntem alten Motto.
So haut man mich in viele Pfannen.
Ach, Edith, hieß ich bloß nicht Pannen!"

Sie strich ihm zärtlich übers Grauhaar:
"Da die Vergangenheit so rau war,
So lass uns ernsthaft mal erwägen,
Den dummen Namen abzulegen.

Jedoch auf Antrag, ei verdammt,
Schießt sicher quer das Standesamt!
Auf einen Weg nur ist Verlass:
Du änderst selbsten Deinen Pass!"
Und mitgerissen sprach er heiter:

„Das macht bestimmt so'n Gastarbeiter."

Tags drauf fand er 'nen Strolch, 'nen welschen,
Bereit, den Pass ihm abzufälschen.
Der sagte: „Prego, si, Signore,
Das mach ich gern und mit Amore.
Doch kann ich ändern nur **ein** Buchstab,
Weil ich Gefängnis schon genuch hab!
Ich mach bis morgen mal paar Muster,
Dann kannst Du leben selbstbewusster!"

Am andern Tag erschien er wieder
Mit seinen Mustern unterm Mieder.
Herr Pannen sah sie lange an ...
Und schüttelte den Kopf sodann:

„Der Vorschlag macht mich nicht zufrieden,
Wenn Sie aus Pannen – **Mannen** schmieden!
Denn reist Herr Mannen über Land,
Fühlt alles sich hier gleich ent-mannt!

Herr Pennen trifft mich am Charakter
Und macht die Wahrheit noch viel nackter!

Herr Paunen deutet auf Kapaun:
Fünf Kinder(!) hätt' ich müssen klau'n!
Und **Pansen** ist ein Rindviehmagen!
So kann ich nicht zu heißen wagen!
Gott!! .. **Herr Pannin!!** ... klingt wie Palmin,
So kann ich nicht zu Felde zieh'n!
Herr **Pannef** riecht zu sehr nach Tünneff! –
Da gibt mir "Otto" gleich 'ne Fünnef! –

Doch hab inzwischen ich bedacht:
Dass man aus Pannen ... **Pinnen** macht.

Ja, das wär schön! Denn als **Herr Pinnen**
Könnt ich als neuer Mensch beginnen!

Ich hab gepinnt seit vielen Jahren,
Auf viel Papier, auf Formularen ...
Ja, wer viel pinnt, ein solcher bleibt frisch,
Und herrlich lebt es sich am Schreibtisch!

Drum lieber Mann, geht nicht von hinnen
Bis dass ich heißen darf – **Herr Pinnen!**"

Der Ithaker sah mit Verdrießen
Herrn Pannen – Pinnen sich entschließen.
Erbost sprach er mit Augenrollen:
„Wenn meine Muster Du nicht wollen,
Ich auch nicht will. Such Dir 'nen Neuen,
Der dumm ist, Dich noch zu betreuen.
Bleib doch perpetua bei Pannen!"
Und tief gekränkt zog er von dannen.

Exit:
Der Baum, der andre Blätter wollte,
Sich still in eine Ecke trollte.
Man soll, erkannte drauf Herr Pannen,
Den Bogen auch nicht überspannen.

Philosophie um einen Anschiss

<u>Betrifft:</u> Oberstleutnant Ernst Pannen, ab 1967 neuer Kommandeur des RakArtBtl 112, Delmenhorst; vorher im Verteidigungsministerium

I. Teil: Anschiss Nr. 1 - 32

Zum Antrieb jeder Leistungskraft
Ein Anschiss wahre Wunder schafft.
Man weiß das als Soldat und Christ,
Dass so was unvermeidlich ist.
Ich denk jetzt mal an Willi Rieke:
Dass er uns ins Gewissen pieke,
Hat er durch Schimpfen, Schreien, Grollen,
Uns ständig besser machen wollen.
Auch jetzt, bei Oberstleutnant Pannen,
Kommt man nicht ungerupft von dannen.

Doch dessen Technik ist verändert;
War'n Willis Augen rotgerändert,
Und brüllte der von weitem schon:
"Ein Saustall hier in Perfektion!",
Macht Pannen das ganz unterschiedlich:
Sein schwarzer Blick erscheint recht friedlich,

Und friedlich sagt er: "Lieber Krege,
Sie bringen das sicher nicht zuwege,
Was mir erzählt hat Hauptmann Boysen:
>Sie hätten von ihm Ohrensäusenl< "
Wenn man - so suggestiv gefragt -
Nun trotzdem noch die Wahrheit sagt,
Und meint: "Der Boysen ist zum Weinen!"
Na, da erwischt es aber einen!

Er wird zwar immer noch nicht laut,
Wenn er jetzt auf die Pauke haut.
Zunächst tritt er jetzt nah heran,
Wie's näher gar nicht gehen kann.
Um wenig Zentimeter nur
getrennt, kommt er in Positur,
Wobei sein Blick, jetzt sehr ermannt,
Dich zwanglos in den Schraubstock spannt.
Gewillt, ihn gleichfalls anzuzielen,
Vermeinst Du, fürchterlich zu schielen,
Und bist erfüllt von dem Gebaren,
Ihm Deinen Atem zu ersparen.
Denn Deiner Fahne letzte Rate
Besteht noch immer - trotz Colgate.

So schweigst Du schnell und nickst verstört,
Worauf man nichts mehr von Dir hört.
Drauf bist Du, körperlich bedrängt,
Moralisch recht schnell einge-engt.
Wobei sein Wortschwall es noch schafft,
Zu rauben Dir die letzte Kraft.
Und um der Lage zu entkommen,
Hörst Du Dich sagen, halb benommen,
Nicht achtend seiner vielen Mängel:
"Der Boysen ist ein reiner Engel!"
Und bist ein Glückspilz noch zu nennen,
Lässt er Dich solchermaßen rennen.

Moral:

Haut Dir der Pannen auf den Nüschel,

Dann lässt Du Haare, ganze Büschel.

II. Teil: Anschiss Nr. 33 - heute

Nachdem er mich so manches Mal
zurückließ voller Seelenqual,
Halbtot, zerschunden und zertreten,

Sann ich auf Flucht aus diesen Nöten.
Aus Lebensgier! Und da er ja
Mir nah stand (anatomisch nah),
Versuchte ich, ihn zu entdecken.
Ich suchte Runzeln, Leberflecken,
Markante Stellen des Gesichts,
Jedoch vergeblich: Ich fand nichts!
In äußerster Verzweiflungsphase,
Da sah ich plötzlich: Seine Nase!
Aus der Entfernung ganz natürlich,
Erschien an ihr nichts ungebührlich.
Doch aus der Nähe, links vom Grat,
'Ne Narbe mir ins Blickfeld trat.
Die war vom Anseh'n nicht grad gräuslich:
Sie war halt da, und alt und weißlich.
Ich dachte mir in meinem Sinne:
"Sieht aus wie eine Regenrinne."

Jedoch im selbigen Momang
War mir mein Schicksal nicht mehr bang.
Ich schloss an meinen Ohr'n die Türen
Und ging mit Schwung ans Spekulieren.

"Wie mag das Ding", so fiel mir ein,
"Vor langer Zeit entstanden sein?

Ist deshalb seine Nase weiß,
Weil er als Kind zu naseweis?
Hat er sie, dass er mehr erführe,
Geklemmt beim Schließen einer Türe?
Hat er, vom Weindurst angetrieben,
Sein Riechorgan am Glas zerrieben?
Ließ ihm der Kochtopf keine Ruh,
Und seine Frau haut 'n Deckel zu?

Zerschlug man ihm den Mannesstolz
Wohl gar mit einem Nudelholz?
Hat vielleicht 'ne Jungfrau mit Gewissen
Als Jüngling ihn gekratzt, gebissen?
Versuchte gar ein keckes Ding$_s$
Zu zügeln ihn per Nasenring?
Hat er versucht, vor langem schon,
'Ne Schönheitsoperation?

Entstand die Wunde dort am Orte,
Als er sich in der Nase bohrte?
War er den Bonnern - ei der Daus!
Um Nasenlängen vielleicht voraus?
Vielleicht hat man ihm das Ding gekappt,
Dass gleichfalls er im Gleichschritt tappt?"

All diese Fragen hast Du offen,
Sein Anschiss lässt Dich unbetroffen.
Und wenn er noch sein Wort bekräftigt,
Bist Du mit Anderem beschäftigt.

Wenn Du an diesen Rat Dich hältst,
Auf Durchzug Deine Ohren stellst,
Dann bist Du schnell der Herr der Lage,
Und glücklich bis ans End der Tage.

Neue Moral:

Beim Anschiss, den Du kriegst von Pannen,

Kannst Du Dich wunderbar entspannen!

Der Papst der Artillerie: rätsel-haft!

(zur karnevalistischen Barbarafeier, 04.12.1968)
Betr.: Artillerie-Regiments-Kommandeur Oberst Bergien
(als "Papst der Artillerie" gerühmt)

Die Päpste sind. seit ehedem
Für Biographen ein Problem.
Die Schweizer Garde, wohl-belanzt,
Hält sie im Petersdom verschanzt.
Und über ihre Art und Wesen
Kann man in keiner Zeitung lesen.
Sie leben da im eignen Saft
Und bleiben uns - kurz: "r ä t s e l h a f t"

Nun gar der Papst der Artillerie!
Der ist vollkommen, so wie sie.
Zwar lebt er mehr mit seinen Leuten,
Doch lässt sein Wesen sich kaum deuten.
Und das ist alt, was ich enthülle:
An diesem schuld ist seine Brille !

Welch Anlass ist das zum Gemunkel !
Ein Glas ist hell das andre dunkel ,
Man weiß doch nicht, was das für'n Mann ist.

Man ist nicht schlüssig, wie man dran ist ...

Ich selber hege den Verdacht,
Dass er das voller Absicht macht.
Dass erstens mal er Dich verwirrt,
Und zweitens hinters Licht Dich führt.

Er mustert Dich mit mildem Blicke,
Vielleicht guckt andre voller Tücke?
Und während Dich das linke freut,
Plant vielleicht das rechte Schlechtigkeit?
Und umgekehrt sei's: dass das linke
Vor Zorn in edlem Feuer blinke;
Dieweil das rechte sich nicht scheut
Und strahlt versteckt voll Fröhlichkeit?

Doch von Natur aus scheint es böse,
Drauf deutet schon die Römer-Neese,
Die knorrig dem Gesicht entsprießt,
Und etwas aus der Fassung ist.

Wie dem auch sei: Nicht abgeschwiffen!
,,, Ich hab noch immer nicht begriffen,
Was diesem einen Auge fehlt,
Dass man das Licht ihm vorent-hehlt?

Ich frage mich: Warum denn bloß ?
Ist es zu klein? Ist es zu groß?
Guckt es zu lebhaft? Zu apathisch?
Ist es ein Rechteck? Ist's quadratisch?
Kanns sein, dass es zum Sehn nichts tauge?
Ist's vielleicht sogar ein Hühnerauge?
Schielt es speziell nach Damenbeinchen?
Guckt es so listig wie beim Schweinchen?

All diese Fragen liegen brach,
Und keiner weist die Antwort nach.
So lebt er da im eignen Saft,
Und bleibt uns allen r ä t s e l - h a f t !

Eure artilleristische H e i l i g k e i t !

Ein großer Wunsch harrt der Erfüllung:
Wir warten heut' noch auf Enthüllung!
Wir wolll'n, das müssen Sie versteh'n,
In Ihrem Aug das W e i ß e seh'n !

"Meine" 4. Batterie in Delmenhorst

"Mein" HONEST JOHN im scharfen Schuss

Zum Abschied
meines alten Referatsleiters Kapitän zur See M.G. in München
(mehr zu sagen verbietet die Verschwiegenheit)

Ein Schiff im weiten Ozean

Lenkt selbst der jüngste Steuermann.

Es kann der Eins-O meinetwegen

Sich unbedenklich schlafen legen;

Denn dort gibt's Klippen und Korallen

Nur selten und in Intervallen.

Der Käpt'n selbst wird erst bemüht,

Wenn plötzlich ein Orkan aufzieht,

Und auch, wenn unter Vorbedacht

So'n Meerweib mal 'nen Striptease macht.

Doch wenn es wirklich kitzlig wird,

Freund Hein nach Schiff und Mannschaft giert,

Bleibt selbst der Käpt'n "außen vor";

Dann kommt ein andrer Matador:

Der Lotse: der mit klarem Blick

Das Riff umschippert und den Schlick.

Bemannt mit solchem Kommandant

Kommt jeder Pott getrost an Land.

Und dankbar zollt ihm jeder See-Lord
Respekt - Der Lotse steht an (See-)Bord.

Auch wir genossen kurze Zeit
Solch ein Gefühl der Sicherheit.
Breitbeinig stand er auf der Brücke,
Und führte uns mit List und Tücke
Durch manchen hohen Wellenkamm;
Durch Gischt - und manchmal schlicht durch Schlamm.

Weithin ertönte seine Stimme:
"Ich tret Euch allen in die Kimme!"
Um gleich darauf mit süßem Klange
Und wohlgetöntem Überschwange
Der Hausverwaltung ganz verschlagen
Paar Ventilators abzujagen.
Wie überhaupt sein Technik-Faible
Ihn brachte auf die tollsten Möbel:
Auf Diaskope, Lagekarten,
Auf Leinwand, halbe Wetterwarten,
Und glücklich sprach er früh bis spät
Vom Klima- und vom Bildgerät.
Selbst am kaputten Radio
zu basteln, stimmte ihn noch froh:

"Für 'nen A-14*⁾, rief er, "Leute,
Ist das 'ne Mords-Verwendungsbreite! "
Und dröhnend lachte er sodann
So laut wie der Klabautermann.

Ab sieben war er zu erblicken
Beim Tassen- und beim Stühle--rücken.
Und mittags sprach er stets, er liefe
jetzt, "- zwoter Akt - auf Tiefe**⁾ -".

Nun plötzlich läuft er von uns fort.
Wie schad - Der Lotse geht von Bord.
Das zwingt zu kurzer Rückbesinnung:
Wie selten gibt's in dieser Innung
'nen Mann mit solchem Bären-Charme,
Doch andrerseits so menschlich warm !

Er stand vor uns, war kerzengrad,
Ein echter, unverfälschter Kamerad.

    *) zum Beispiel auch der hiesige Textautor
    **) gemeint war ein obligatorisches Mittagsschläfchen

Das ist er NICHT selbst -
aber seine Gattung.

Wir sagen ihm jetzt - als Entwetzter -:
Er war ein Klasse-Vorgesetzter!
Den wir mit herzlichem Bedauern
Nach seiner Fahnenflucht betrauern.

So wünschen wir im Augenblick
Ihm viel Erfolg und auch viel Glück.
Und wie bei Bismarck gilt das Wort:
Er geht - Der Lotse geht von Bord!

PS:
Wir hauen jedem auf die Mütze,
Hör' wir noch mal Ostfriesenwitze!

Der Golfsport

Man sagt dem Golf ja nach, es sei ein elitäres Treiben, von reichen, eher arroganten Menschen. Die die Natur-Landschaft umfunktionieren in künstlich ondulierte Spielflächen, sich herablassend von durchschnittlichen Mitmenschen absondern und dem Müßiggang frönen.

Die Golfer hingegen behaupten, kein anderer Sport sei geistig und körperlich fordernder und Besitz ergreifender. Jeder Schlag schaffe ein Problem, das der Spieler ganz allein zu lösen hätte. Die Technik sei ein einziger unbeherrschbarer Kampf zwischen dem Schläger und dem widerborstigen Ball und damit eine vollkommene Persiflage auf das Leben.

Beide Seiten haben zu großen Teilen recht.

Aber Golfer sind auch offenherzige und - allem Vorurteil zum Trotz - überwiegend sympathische Mitmenschen, die Naturliebe und sportlichen Wettstreit miteinander in Einklang zu bringen versuchen. Das gelingt auch nahezu beinahe fast immer.

Und die paar menschlichen Schwächen ... was bedeutet das schon im Angesicht des Universums?

Die folgenden Beiträge geben ein plastisches, auch kontroverses Bild von den ernsten und amüsanten Details, wie sie wohl bei jedem Golfclub existieren.

Lassen Sie sich überraschen ...

Der un-mögliche Golf-Titel:
"... Und immer lockt das Loch!"

Merke: Das ist KEIN Plagiat!

"Da war doch was!" - Dem Zeitgenossen
Kommt jählings ins Gehirn geschossen
Ein Filmhit aus den 50-er Jahren,
Der hat die ganze Welt umfahren.

Gedacht als Triebes-Leibvertreib
Hieß der: "... **Und ewig lockt das Weib!**"
Mit Blickreiz, Schmollmund, Knacke-Po
Verführte da Brigitte Bardot.
Um Titel ging's NICHT -- mehr um Titteln.

Wir aber wollen doch ermitteln
Wie erd-vergrab'ne Plastikdosen
Die Sinne reizen, die Psychosen,
Beim Golf. - Ein kleiner weißer Ball
Wird da zum wahren Schicksals-Fall!
Er soll mit möglichst wenig Schlägen
Sich in das Erd-Loch ein--bewegen.
Das tut er kaum: nach Spielsystem
Schafft jeder Schlag Dir ein Problem.
Das musst Du, ohne Hilfsprothesen,

Beim Nach-Schlag ganz alleine lösen ...!

Dein Ball liegt mal im Rough, im Wald,
Mal tief in einem Ackerspalt,
Mal herrlich mitten auf der Bahn
(Und wiegt Dich in den schönsten Wahn),
Um gleich drauf, unter Hohneslachen,
Sich in den Bunker aufzumachen ...

So schaffst Du, unter Last und Müh'n,
Es schließlich doch noch knapp aufs Grün.
Nachdem Du Dich so abgerackert,
Dein Ball ins Loch-Gehäuse klackert.

Da kommt, nach manchem Wehe-Punkt
Der angestrebte Höhepunkt!
Der Spötter nennt das voll Sarkasmus
Ganz unverblümt: 'Ersatz-Orgasmus'.
Den sucht der Golfer noch und nöcher,
Hat er doch weitere 17 Löcher ... !

(Im Film hingegen, sonderbar,
Gab's Löcher nur im Singular ...)

Man fragt besorgt sich immerhin:
Und was ist mit der Golferin?

Kann sie - textilisch hübsch verpackt -
Und ohne Körper-/Haut-Kontakt
Sich ähnlich fühlen wie ein Mann?
Die Antwort lautet: "Jaa, sie kann ...!"

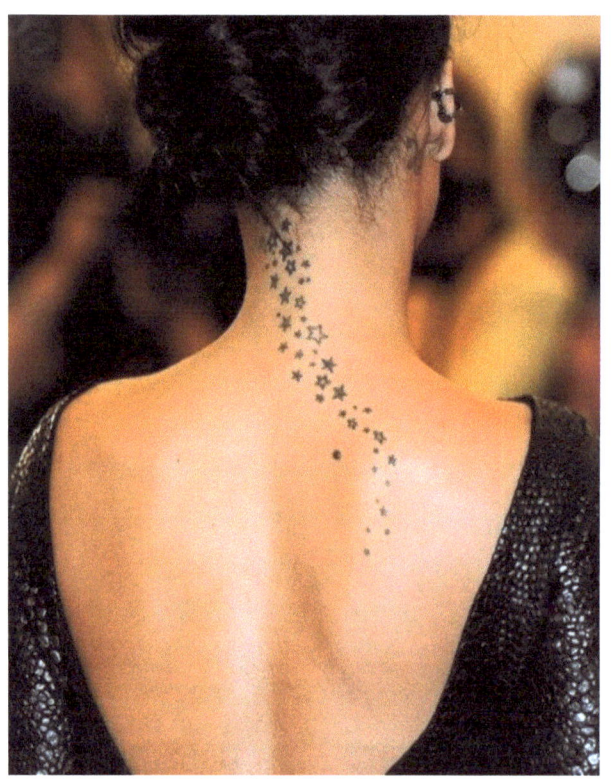

Zur Einstimmung des Lesers

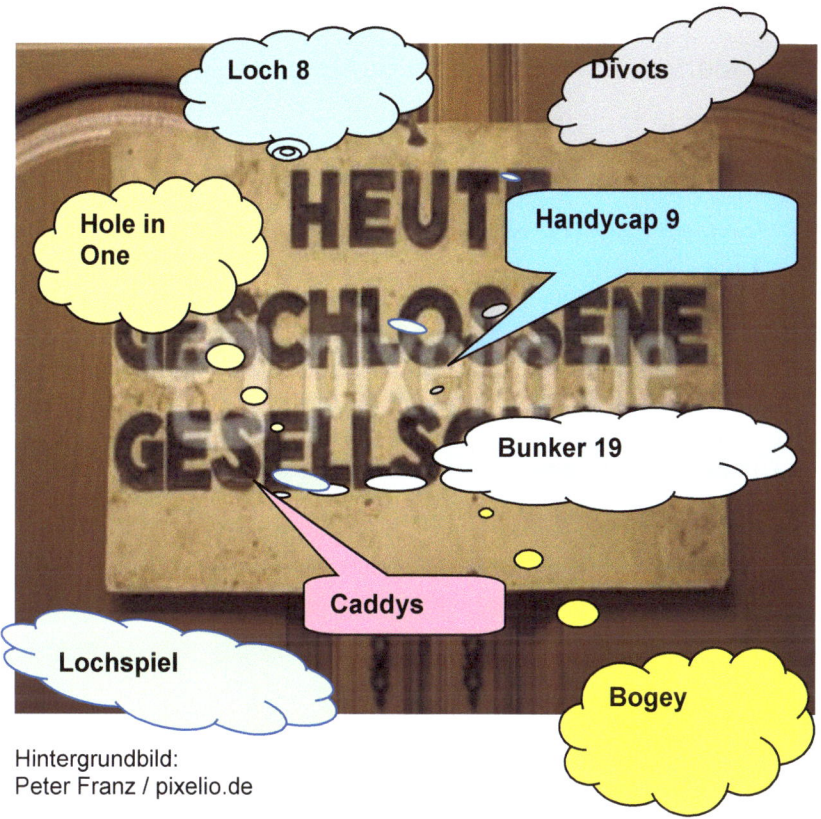

Hintergrundbild:
Peter Franz / pixelio.de

Triffst bei der Party Du auf Golfer,

Und Du bist's NICHT? -- Hol den Revolver!

Vertreib sie alle - oder Dich:

Der Abend wird sonst fürchterlich!

Zur Golfetikette

Der Mensch ist – wenn nicht Strafe droht –
Im Grunde faul und ein Chaot.
Das Lebens-Leitgebot von Kant,
(„Vernunft beherrsche den Verstand!")

Mag bestenfalls für andere gelten:
Doch selbst so leben? – Eher selten …
So braucht's für hartgesottene Fälle:
Ad a) das Zucht-Haus; b) die Hölle.

Ein Wort zur Golfer-Etikette:
Wenn man dies Regelwerk nicht hätte,
Gäb's, wenn man alles treiben lässt,
Nur Ramba-Zamba und Wildwest.

Die Regeln scheinen zwar als solche
Gemünzt auf ausgemachte Strolche;
Doch mancher schwört mit Stein und Bein:
Sie dürften kein Fatz anders sein!!

Gesetz erzeugt Gesetzesbrecher.
Mal hinten rum, mal dreist, mal frecher.
Der Typus eins stellt stikum fest,
Wo das Gesetz ein Schlupfloch lässt.

Der Typus zwei denkt: „Ich bin Ich!
Die andern alle können mich …!"
Der dritte Typ bekämpft neurotisch
Jedwede Regel als despotisch;

Sie alle gibt's in Mix-Kultur
Auf jedem besseren Golf-Parcours.
Und: Golfer sündigen bewusster!
Nicht plump, so nach dem King-Kong-Muster:
Bei halbwegs guter Geisteszündung
Hat man für alles 'ne Begründung...

Im folgenden wird mal gezeigt,
Wo sonst der Sänger höflich schweigt.

Vorwort: Zur Charakter-Serie ...

Eine kleine Golfer-Typologie

Der Mensch in seinem Selbstverständnis,
Rühmt sich der besten Menschenkenntnis,
Die ihm erlaubt, mit seinesgleichen
Die schönsten Ufer zu erreichen.
Doch häufig merkt er, höchst verwirrt,
Er hat sich wieder mal geirrt ... -

Um Menschen besser zu erkunden,
Wurd eigens da das Golf erfunden.
Denn hier durcheilt in kurzer Zeit
Man Zonen voller Freud und Leid.
Voll Glück, voll Trauer, voll Empörung,
Bis hin zur Helden-Selbstverehrung.

Wer je in einem Flight[*)] gespielt, [*)] Golferteam bis 4 Mitspieler
Weiß rasch, wie einer denkt und fühlt.
Im Golfteam voller Kampf und Krampf,
Versprüht man soviel Seelendampf,
Dass man als Mitmensch merkt: "Tatsächlich -
Dies Urteil hier fällt unbestechlich."

Nun soll es, wie im wahren Leben,
Im Golf die tollsten Typen geben.
Man unterscheidet nicht genau
Da etwa zwischen Mann und Frau;
Und nicht, ob jemand arm, ob reich,
Es gilt: im Golf sind alle gleich.

Ich mach jetzt mal, als pars pro totos,
Ein paar spezielle Einzel-Photos:

Dem Golf-Anfänger

Der Neuling übt den Drive und Putt,
Bis er die Platzerlaubnis hat.
Müht sich im tiefen Sand verwegen
An den verflixten Bunkerschlägen,
Nimmt fleißig seine Trainerstunden,
Dreht auf dem Pitch-Platz seine Runden
Und opfert für den Regelabend
den viel geliebten Kegelabend.

Er träumt versonnen schon, er hätte
Die heiß ersehnte Golf-Plakette,
Die ihm den großen Platz erschließt,
Wo scheinbar Milch und Honig fließt.

Er ahnt nicht, was ihn da erwartet,
Wenn er zum ersten Großlauf startet:
Hier wird man, ähnlich den Pommes Fritten
Auf Minimaß zurückgeschnitten!

Drum Mensch, verharre noch ein wenig,
Denn noch bist Du ein Kurzplatz-König!
Beim großen Platz beginnst Du klein,
Der Frust fährt Dir in Brust und Bein.

Redst Du auch wie ein alter Fuchs
Gekonnt von Slices und von Hooks,
Rümpft mancher alte Golferhase
Doch indigniert die Golfernase,
Und merkt sehr schnell, was Dich umweht:
Die nackte Golferpubertät!

Den Ratschlag solltest du begreifen:
Lass Dich als Golfer langsam reifen!

Nutz diese Anfangszeit genüsslich
Denn eines blüht Dir höchst gewisslich:

Bist Du erst einmal etabliert,
Ist weg die Frische, die Dich ziert!

www.fotosearch de,k33614577

Otto Krawuttke dazu:

"Ein orthographisch schwacher Mensch
Spricht immer von der >Driving-Ranch<.
Nicht schlimm; woran ich wirklich leide:
Er schlägt auch wie 'n Rindvieh auf der Weide!"

Aufklärung speziell für Anfänger: Die Driving-Range!

Der Ehrgeizige

Man trifft ihn, mit gebremstem Schaum,
Meist eifrig schon im Caddy-Raum.
Jäh siehst Du ihn für Dich entflammen:
"Sie sind's? Heut spielen wir zusammen!"

Du bindest noch die Schuhe eben,
In ihn strömt wildes Leistungsstreben.
"Heut spiel ich mal mit allen Sinnen
Und will den Wandercup gewinnen!
Ich hab mir heute vorgenommen,
Beim Handicap auf zwölf zu kommen!
Mein Pro ist ganz mit mir synchron:
Das bisschen besser schaff ich schon!"

Du fragst verschüchtert wie ein Depp:
"Was hab'n Sie denn für 'n Handicap?"
"Na, 32"! ruft er wild:
"Das passt so gar nicht in mein Bild!
Doch heute wird das mal gekippt!
Zwei Stunden hab ich schon ge-chipt."

Beim Abschlag 1, mit leisem Stolz,
Zieht er das Dicke-Bertha-Holz.
Und schwingt, dass rings die Lüfte heulen;
Am liebsten möchtest Du enteilen.

Dann fliegt der Ball; 12 Meter bloß.
Er drauf: "Jetzt geht's erst richtig los!"
Der nächste Schlag, im ersten Bunker,
Enttarnt sein Reden als Geflunker.
Der Sand spritzt weit; der Ball bleibt liegen:
"Ich werd doch noch das Par hinkriegen!!"

Sein 10. Ball klackt dumpf ins Loch:
"Das Spiel gewinn ich immer noch!"
Erst spät. so bei dem 12. Grün,
Sieht man ihn nüchtern Fazit zieh'n.
"Heut wird's wohl nichts mit dem Pokal ...
Doch ganz bestimmt beim nächsten Mal!"

Still sitzt er gerade allerdings
Am allerletzten Tisch halblinks ...

Otto Krawuttke sagt dazu beiläufig:

" Nun zielte ich mit großer Kunst
Auf's Loch, doch alles war umsunst.
Dies Grün ist auch total verhunzt!
Am liebsten hätt' ich draufgebrunzt!"

Der Eigenchronist

Bei einem Offenen Turnier
Bist Du oft blinder Passagier,
Wenn Du als Gast von anderswo
Dich aussetzt diesem Risiko ...

Die Flight-Einteilung, sagt ein guter
Veranstalter, macht der Computer.
Doch meist beschleicht Dich das Gefühl:
Da war noch eine Hand im Spiel ...

Drum denk an diesen Rat ab morgen:
Du hast das Schlimmste zu besorgen,
Wennfalls in Deinem Vierer-Trupp
Nur einer stammt vom Standort-Club!
Die Einzelgänger, Eigenbrödler,
Die Nörgler und die Nerventötler,
Sind von der Leitung oft geschickt
Dem fremden Volk aufs Aug' gedrückt.

Herrn B. triffst Du vor dem Turnier
Verloren vor der Clubhaustür.
An ihm vorbei strebt mit "Grüß Gott"

Ein Haufen Volks, entfernt sich flott.
Du stellst Dich vor: "Max Überschrat.
Ich komm vom Golfclub Hubbelrath."

Ab dato hast Du Sendepause:
"In Hubbelrath sind Sie zu Hause?
Da war ich mal am 12. Mai .
Ich sage Ihnen: an Loch drei,
Wo rechts die wilden Ginster blüh'n,
Kam ich mit einem Schlag aufs Grün.

Ich nahm dazu mein Eisen vier;
Mein Ball lag dort, das Loch war hier.
Zwölf Meter achtzig noch zur Fahne,
Mein Putt jetzt - allererste Sahne.
Doch blieb er nach vier Schlägerlängen
An einem krummen Grashalm hängen.
Ich spielte mit 'ner Frau aus Schweden:
Die schlug in jeden Bunker - JEDEN!
Mein Gott - ich red ja viel zu viel! -
Den Rest erzähl ich dann beim Spiel."

Du hoffst, er tut Dir nicht noch mehr weh;
Dann steht ihr beide auf dem Fairway.
Du präparierst den nächsten Schlag.
Da kommt's: "Hier lag ich Donnerstag:
Nein, etwa dreizehn Meter links.
Das Surren eines Schmetterlings
Hat mich dann plötzlich irritiert,
Mein Ball ist halbrechts abgeschmiert;
Dahinten bei den großen Eichen:
Das Loch, so dacht ich, kannst Du streichen.
Doch dann nahm ich mein Eisen acht
Und hab da noch mein Par gemacht!

Ich glaub ich nehm jetzt mal mein Holz.
Wenn ich nur nicht danebenbolz!"

Dein Unheil kannst Du nun erahnen:
Mit diesem Mensch noch siebzehn Bahnen!
Verdient hätt er 'ne kurze, knappe
Replik wie: "Halten Sie die Klappe!"
Doch Dir als wohlerzog'nem Gast
Ist klar, dass Du zu leiden hast.

Da kommt in Deinem Seelenweh
Dir jäh die rettende Idee:
Dein Blick trifft ihn, Dein sonderbarer:
"Sie sind bestimmt doch Autofahrer??

Ich fahr den neuen BMW;
Wenn ich den voll auf Touren dreh
Und presche scharf im fünften Gang
Die Autobahn nach Köln entlang,
Da kommt bei Kilometer acht

Ein Schlagloch, das mich lüstern macht!

Ich schalte runter auf Gang zwei,
Zieh links am LKW vorbei,
8000 zeigt mein Drehzahlmesser;
Dann schalt ich hoch, so ist's noch besser.
Lass halb noch meine Kupplung schleifen,
Dann geb ich Vollgas auf die Reifen,
Dreh jetzt mit einer Viertelwendung
Mein Lenkrad halbrechts, in Vollendung
Des Schwungs, und lande fliegend
Hinter dem Loch - beinahe liegend!

Ich fuhr mal mit 'ner Frau aus Polen:
Die schrie: Mich soll der Teufel holen!
Doch ich dagegen: 'Red kein Stuss,
Wenn ich mich konzentrieren muss!' ---
Von meiner Rallye nach Meran
Erzähl ich auf der nächsten Bahn".

Du merkst jetzt, ohne hinzugucken,
Wie Deinem Part die Lider zucken.

Empfindest, innerlich gestärkt,
Er hat wohl irgendwas gemerkt

.
Und Sicherheit gewinnst Du ganz:
Jetzt bleibt er deutlich auf Distanz.
Du spürst in freudiger Verrohung:
Sie wirkt phantastisch, Deine Drohung!
Nur hüte Dich, sie wahrzumachen;
Dann kannst Du siebzehn Locher lachen!

Dein Mitmensch steht jetzt an der Bar;
Erzählt dem Wirt vom Februar ...

Der Regelkundige

(Veröffentlicht im Golf Style International II/1996, S. 244)
(genehmigter Abdruck für dieses Buch; Autor Rüdiger Krege)

Mal trifft das Schicksal wie ein Fluch:

Dein Mitmensch ist ein Regelbuch!

Gleich anfangs wirst Du schon belehrt:

Dein Aufzug sei wohl leicht verkehrt.

Denn Golfer-Shorts, die dürften nie

Was kürzer sein als bis zum Knie.

Das sei in Regel hundertsieben

Grad von Saint Andrews[*)] vorgeschrieben.

Du reagierst jetzt ziemlich baff,

Und schlägst als erstes mal ins Rough [**)]

Du knurrst verstört: "So'n blöder Dreck!"

Und suchst den zweiten Ball im Bag;

Legst ihn aufs Tee; da hörst Du prompt,

Dass solch Gebaren sich nicht frommt:

"Sie müssen, weil wir uns nicht kennen,

    *) "Home of Golf", Golf-Eldorado und 'Regel-Vatikan'
    **) Rough = hohes dichtes Gras, unbespielbar

Mir erst den Ballaufdruck benennen.
Und dann", so ruft er diktatorisch:
"Erklär'n, der Ball sei provisorisch!
Denn lassen Sie das unterbleiben,
Muss ich zwei Minuspunkte schreiben!
Ich sag's mal so ganz allgemein,
Ich würd nur schwer so'n Unmensch sein;
Jedoch nach Regel 5o a
Ist das ein grausamer Faux-pas".

So treibt er Dich von Loch zu Loch,
Schwer stöhnst Du unter seinem Joch.
Du lernst: nach Regel 110
Darfst Du nicht ans Gewässer geh'n,

www.fotosearch.de, *k4468734*

Und fühlst Dich langsam wie gefoppt:
"Sie haben eben falsch gedropt!
Der Arm gehört lang ausgestreckt!
Hat auch Saint Andrews ausgeheckt."

Dein nächster Ball liegt jetzt am Aus.
Nun wächst er über sich hinaus,
Und peilt die weißen Pflöcke an;
(Du knurrst vergrämt: "Verrecke, Mann!")
Dann ruft er plötzlich unverfroren:
"So'n Pech! Ihr Schlag gilt als verloren!"

Nun bückst Du Dich nach Deinem Ball:
"Nein, halt, das geht auf keinen Fall!
Sie müssen, ohne anzufassen,
Die Kugel einfach liegenlassen!
Nach Regel 19", spricht er heiter,
"Geht's erst am nächsten Abschlag weiter."
Ein Schleier vor Dein Auge schiebt sich;
Du trauerst still um vier Mark siebzig
Und weißt schon jetzt: der nächste Flight
Nimmt sich das bisschen Sammelzeit.

Jetzt wird Dir alles ganz egal;
Du schlägst wie Zeus mit einemal.
Dein weiter Ball, gut aufgestiegen,
Kommt bei dem seinigen zu liegen.
Sein Auge ruht auf Dir ganz mild:
"Na sehn Sie? Wenn man richtig spielt!"

Dann holt er aus. Ein Bombenschlag.

Hurra! Jetzt naht <u>Dein</u> großer Tag!
"Sie haben", sagst Du unterkühlt,
"Soeben <u>meinen</u> Ball gespielt."
Dein Mitmensch wird jäh leichenbleich:
"Mein Gott, das regeln wir doch gleich!
Vielleicht könnten wir die Bälle tauschen?"

Du spürst ein rohes Sinnenrauschen
Und hörst brutal Dein Zweit-Ich sagen:
"Sie könn'n am nächsten Abschlag schlagen!
Ganz nebenbei: nach Regel <u>vier</u>
Gehört jetzt dieses Lochspiel mir."
Drauf spielst Du - unter Grabesstille -
Paar Pars - als wär es Gottes Wille ...

Der Regelkundige sitzt hier
Aus reinem Zufall an Tisch vier ...

Man sieht - im Golf, da treffen sich,
Die Menschen so wie Du und ich ...

www.fotosearch.de,

Otto Krawuttke äußert sich dazu:

"Erklärt so'n Quatschkopf doch, aufs Grün
Dürft ich nicht meinen Caddy ziehn!
Da untersage man doch eher
Das Drauffahr'n mit dem Rasenmäher!"

Die Vielgeliebte

Hast Du gemeldet zum Turnier,
Zerfrisst Dich fast die Wissbegier,
Mit wem das Sekretariat
Dich heut zum Flight verbunden hat.

Herr J. tritt so ans Schwarzen Brett,
Errötet wie ein Klops im Fett;

So'n Glück grad ihm, dem Ungeübten:
Er spielt mit Babs, der Vielgeliebten!
Der Dame, die die Männerwelt
Des ganzen Clubs in Atem hält. -
(Da ist zwar auch noch Traugott K.,
Dem kommt man besser nicht zu nah;
Frau Heidenstahl ist auch dabei,
Doch das ist nunmehr einerlei).

Nein, Babs beflügelt seine Sinne,
Die Königin der freien Minne!
Wie war das noch? Der Dr. Z.,
Der sie wohl gern besessen hätt',
Verschrieb die Pille auf Rezept;

Da hat der Franz sie abgeschleppt
(Der blonde Beau mit den Koteletten).
Man raunt, es knackte in den Betten.
Des Doktors Gram war kaum zu stillen:
Sie brannte durch mit <u>seinen</u> Pillen!

Jedoch ihr Blick, ihr wunderbarer,
Fiel schon auf Chris, den Porschefahrer.
Dann war da noch Professor Popp:
Ob da was lief? Man weiß nicht, ob ...
Doch kommt seit kurzem sie allein:
Das muss ein Wink des Schicksals sein!!

Herr J. spürt's tief in sich gewittern,
Merkt, wie ihm leicht die Knie-e zittern.
Er, alles andre als Adonis,
Verspürt, was Halluzination is.
Er nimmt sich vor, am Abschlag 1
Sagt er ihr forsch: "Ich heiße Heinz."
Vielleicht gibt sie ihm, er schwankt ein bisschen,
Darauf schon gleich das erste Küsschen?
Und zündend kommt ihm die Idee:
Er schaut ihr tief ins Dekolletee.
Sie wird ihm wohl, nur ihm zu Ehren,
Die kleine Vorfreude gewähren.

Doch er denkt schon ans Große, Ganze,
Sieht sich in seliger Romanze;
Und die Gedanken ihn umwallen:
Was kann er tun, ihr zu gefallen?
Er wird dem holden Fabelwesen
Die Wünsche von den Lippen lesen;

Bestimmt lässt sie, bestimmt nur ihn,
IHN ihren Caddy-Wagen zieh'n;
Sie darf sein Lieblingsholz benutzen,
Er wird ihr alle Bälle putzen,
Und schön wird's, denkt er träumerisch,
Schlägt sie ihr Bällchen ins Gebüsch,
Und steht da traurig wie ein Kind:
"Dann komm ich wie ein Wirbelwind!
Die Brennnesseln tret ich ihr nieder;
Sie drückt mich dankbar an ihr Mieder.
Soll doch der Flight ein bisschen warten,
Wenn wir verzückt gen Himmel starten!
Vielleicht reicht's schon in der kurzen Zeit
Zu einem .... - nein, das geht zu weit!"

Herr J. reißt sich aus seinen Träumen,
Geht rüber zu den Caddyräumen.

Da sieht er sie (mit scheuen Blicken),
sich nach dem Golferhandschuh bücken.

Frau Heidenstahl erzählt ihr grad,
Was sie heut früh gebacken hat.
Derweil IHR Blick, mit kurzem Stopp
Verharrt auf Herrn Professor Popp.

Von halbrechts kommt da Traugott K.,
Er kommt IHR näher; viel zu nah,
Fasst SIE vertraulich um die Taille.
Herr J. denkt: "Solch eine Kanaille!
Was macht der da mit meiner Frau?
Ob ich dem eine runterhau?"

Nur Babs scheint davon nichts zu wissen:
Sie lässt von K. sich herzhaft küssen
Und sagt zu ihm: "Wir müssen los!
Wie schaffen wir das heute bloß?
Das Spiel jetzt, nachher noch die Disco,
Danach zum Nachtclub 'San Francisco';
Drum überleg beizeiten hier:
Gehn wir zu mir? Gehn wir zu Dir?".

Für Herrn Heinz J., grad noch in Flammen,
Stürzt krachend eine Welt zusammen.
Er kämpft sich vor mit müden Schritten,
Steht dann inmitten ihrer Mitten,
Verneigt sich militärisch knapp,
(Kriegt ein Routinelächeln ab),
Und abgekühlt wie 'n Pott Kompott
Stellt er sich vor: "Ich heiße J.(ott) ..."

"Oh schön", sagt geist-abwesend sie,
"Du Traugott, Frühstück nicht so früh!"

"Wie lief's heut?" will grad einer wissen.
Herr J. blickt dumpf empor: "Beschissen!"

Der Wortkarge

Man weiß, er redet nicht sehr viel.
So brummt er anfangs: *"Schönes Spiel!"*.
Dann nichts. Das 18 Bahnen lang(k).
Dann Wort-Kass-ss-kaaden!!!:: *"Schönen Dank!"*

Kleines Missverständnis

Ein Mensch zu ziemlich später Stunde
War Gast in einer Golferrunde.
Die Tagesschau hat er gesehen.
Das neueste IRAK-Geschehen:
Mit Geiseldrohung und Blockaden;
Der Frieden hing am seidnen Faden.
Kein Ausweg, den Konflikt zu schlichten. -
Und noch bewegt von den Berichten,
Fragt er nach links Frau Olga Wolf:
"Ist das nicht fürchterlich am Golf?"

"Ja, ganz entsetzlich", tönt -- ihr Gatte,
"Das ist ja grausam --- wie ich putte,
Seit ich den neuen Golfbag nutze!"
"Oh, schlimm, der Golf!" ruft Fräulein Lutze,
"Seitdem mein Pro[*)] mich umgestellt,
Ist mir total die Lust vergällt!"
"Die ganze Lust?" fragt Doktor Z.
"Das glaub' I net, das glaub' I net!"

*) Pro(fessional) = Golflehrer

"Seitdem ich Moosbett-Sohlen trage,
Komm ich beim Drive in schiefe Lage",
Erscholl Herr K., der Weitgereiste,
Derweil er seinen Drink nach-eiste.
"Ich fühl mich völlig aus dem Gleis:
Mal gibt's nen Hook, mal gibt's nen Slice.
Beim 7. Loch auf den Azoren
Hab ich gar mein Gebiss verloren".

Der Mensch blieb weiter bei Nahost.
Ein hal--bes Ohr lieh ihm Herr Jost:
"Saddam, der diese Suppe kocht,
Gehört doch wirklich eingelocht!"
"Waaas? Eingelocht?", rief da Frau Wehen,
"Hab'n Sie mal uns're Greens gesehen?
So buckelig und gelb und fahl?
Das Einlochen probier'n Se mal!
-- Sie sprachen vorhin mal von Krise:
Gibt's eine größere als diese? -
-- Oh, bitte, halloo!, Fräulein Dorle!
Wo bleibt denn nur mein Golferschorle??"

Der Mensch gab auf, zog sich zurück,
warf nochmals einen kurzen Blick
Zu Hause auf die "Heute"-Sendung.
Da sah er denn in Großeinblendung
(nach einer UNO-Krisensitzung
und US-Dollar-Geldabnützung-) ...
George Bush mit seinem Golferköcher: [Senior]
Der spielte friedlich ein paar Löcher ...

Da wurd dem Menschen plötzlich klar,
Dass dieser Golf der bess're war.

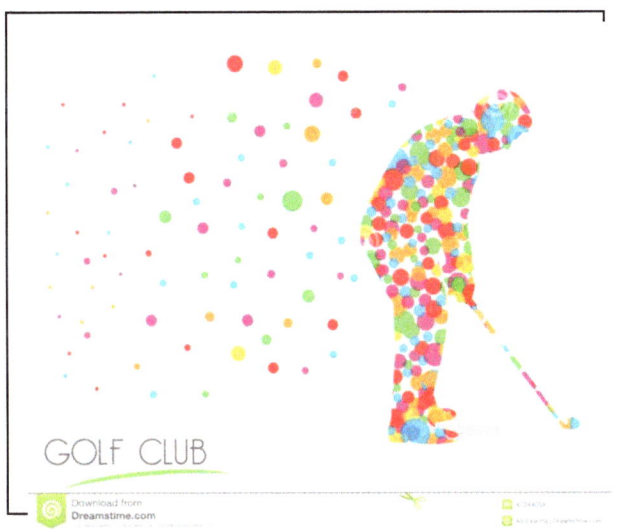

Nichts außer Golf im Sinn

Naturerlebnis

Ein Mensch, von Haus naturverbunden,
Hat jüngst zum Golfsport hingefunden.
Steht jetzt am Abschlag, konzentriert,
Dass er den rechten Drive vollführt.
Holt aus zum Schlag, da sieht er prompt,
Wie ein Insekt von unten kommt
Und fröhlich auf die Kugel klettert.

Der Mensch hält inne, ganz verbrettert,
Jäh fällt ihm ein die Christenlehre,
Dass niemals Leben man zerstöre,

Um sich sein Gutsein zu beweisen,
Lässt sinken er sein langes Eisen,
Fühlt, wie sein Inn'res sich veredelt,
Derweil sein Schläger kräftig wedelt.

Das Tierchen hockt, man glaubt; es lächelt,
Und fühlt sich angenehm umfächelt.
Nun bückt er sich und pustet stark;
Das Vieh bleibt sitzen ohne Arg.

Der gute Mensch kommt jetzt ins Schwitzen,

Fühlt seinen Flight im Nacken sitzen,
Denkt, wie Münchhausen analog
Ganz unversehrt auf Kugeln flog,
Und murmelt: "Schluss mit der Geduld!
Hau ab, sonst hast du selber Schuld!"

Dann holt er aus zu neuem Schlage.
Das Tier erkennt den Ernst der Lage
Und flattert aufwärts ganz behend
Genau im Schläger-Treffmoment.

Der Ball saust los, fünf Meter weiter.
"Ne Lady!" *) ruft ein Golf-Freund heiter.

*) Eine "Lady" ist ein Kurz-/ Fehlschlag und kostet eine "Golferrunde", wenn die Herren mit Ihrem ersten Abschlag nicht über den Damenabschlag hinaus- kommen. Dieser liegt etwa 20 bis 90 m vor den Herrenabschlägen. Ausnahmsweise darf dieses erwünschte Ereignis schadenfroh bejubelt werden - und Spott ist endlich mal regulär erlaubt.

Der Mensch kommt sich recht blöde vor.
Ein Tierchen krabbelt ihm am Ohr ...

Shorties aus dem Golfer-Dasein

'Himmelsgewölbe':

Im Himmel: Golf. Ein Zaungast flott:
'Boahh! Der spielt ja wie der liebe Gott!'
"Er ist's!" raunt Petrus. "Aber pssst!
Er glaubt, dass er Jack Nicklaus*) ist."

*) Golferlegende im 20. Jahrhundert.

"Golf ist keine Frage von Leben oder Tod.
   Golf ist viel wichtiger"...!

Mc Scott/ Mc Niven auf Bahn 10,
Als sie den Leichenzug erspäh'n.
"Warum, Mc Scott, lupfst Du die Mütze?" ....
"Da fährt mein Weib. An Asthma litt 'se".

Zur Hierarchie:

Schlimm ist es, wenn den Präsident
Kein Mitglied grüßt und (an-)erkennt.
Dann flucht der sauer, konsequent,
Auf das verdammte Management.

Die unendliche Diskussion: Welcher Schläger?

"Herr-rrr Angeklagter-rrr !! sagt genau:
Womit erschlugt Ihr Eure Frau?"
"Mi ... mit ...Ei... Eisen 3" sprach der beklommen.
Der Richter: "Här-rrmm !! OA- Hätt' ich auch genommen!"

(Golferproblem Nr.#1: 14 Schläger im Bag: welcher ist der richtige?

Persönlichkeitsbildung:
(Unter Ausschluss der Öffentlichkeit)

Ein Mensch behauptet fest, das Golfen
Hätt' ihm zu bessrer Art verholfen;
Geist und Charakter ihm gestärkt.
Doch leider! Keiner hat's gemerkt.

Allzu Menschliches:

Ich den wiedergrüßen: bin ich blau?
(Ich hatt' mal was mit seiner Frau.
Die machte Schluss im letzten Winter).
Da steckt doch dieser Kerl dahinter!!

Außenwirkung:

Ein flotter Typ, karierte Mütze,
Am Handgelenk viel Kinkerlitze,
Lädt seinen Bag*) aus dem Mercedes
Und schlurft asthmatisch los, per pedes.

*) Golfsack für max.14 Schläger

Golf-Etikette , Die 1:

Vom Rhein bis an die Oder-Neiße
Schrein Golfer häufig: "So 'ne Scheiße !!"
Daraus erhellt: ein Golfer ist
Geboren nah am Schweinemist.

Von Oder/Neiße bis zum Rhein
Stöhn'n Golfer: "Nein, das darf nicht sein!"
Draus folgert der Erkenntnisbogen:
Ein Golfer ist stets wohlerzogen...

Im Clubhaus, "Bahn 19":

"Herr Wirt! Zwei Pils! Ich hab vielleicht Durscht!
Da sind schon andre? Ist mir Wurscht!
Es gibt auch Trinkgeld für die beiden;
Bei denen? Musst Du Hunger leiden!"

Golf-Etikette , Die 2:

www.fotosearch de, k12790685

Warum soll ich nicht hämisch lachen,
Wenn Sie so blöde Schläge machen?
Bei Gott! Der Mensch hat einen Schwung
Wie Bauer Sepp im Schweinedung!

Golf-Etikette , Die 3:
"Ich bin für den doch nicht der Aff!!
Der schlug zum zwölften Mal ins Rough...

Jetzt hilft kein Bitten und kein Fluchen:
Soll er allein die Kugel suchen!"

Golf-Etikette , Die 4:

www.fotosearch de, k5130249

*) herausgeschlagenes Rasenstück

Ein Divot*⁾, tief herausgeschlagen:
"Ich kann das Zeug nicht rückwärts tragen!
So hab mein Wesen ich gezüchtet:
Hin zum Erfolg, nach vorn gerichtet!"

Golf-Etikette , Die 5:

Da schlägt grad einer. "Ich soll schweigen?
Da kann ich nur den Vogel zeigen!
Ein Plausch, bei dem sich zwei besprechen,
Kann man nicht einfach unterbrechen!"

Golf-entflammt:

"Sie spiel'n gern Golf?" befragt ein Pro *)   *) =Golflehrer
Zum dritten Mal Herrn Sowieso.
"O ja", strahlt der wie zehn Laternen.
"Wie schön! Dann sollten Sie es lernen!"

Golf--mal aus anderer Sicht:

Das Loch erwartet seinen Ball
Wie Eva einst den Sünden-Phall.
Der Putt jetzt - wirklich nicht der längste;
Dann eine Menschenstimme: "Denkste! "

Ehre dem Werkzeug:

Sei nicht so stolz auf Deine Hölzer,
Auf Deine Eisen gar noch stölzer;
Du musst dem Putter Ehre geben,
Sonst schiebt beleidigt er - daneben.

Leidenschaft:

"Mein Pitch aufs Grün war so ein Scheiß,
Dass ich zu Recht den Flaggstock schmeiß -
Aufs teure Grün mit voller Wut.
Ah! Das Geräusch tut wirklich gut!"

Hoffen und Bangen:

Ein Golfer glaubt voll Eigenhass:
"Mir glückt im Leben nie ein As*)."
Was ihn nicht hindert, ziemlich offen
Bei jedem Schlag auf eins zu hoffen.

)"As" oder "Hole in One"* = *Vom Abschlag direkt ins Loch!*

Endlich ein As!

Wild in die Küche stürzt der Mann:
"Ich spielte heut ein 'Hole in One!!"
Sie -- ungerührt am Blumenkohl:
"Spiel lieber einmal: >One in hole !< "

Eindeutig zweideutig:

Ein junger Schnösel namens Rolf
Zu Uschi: "Ich bin gut im Golf."
Drauf sie: "Was aber kannst du noch?"
"Mein Putter trifft stets voll ins Loch."

Siegerehrung:

Kaum öffnet man das Kalt-Büffet,
Springt jäh elf/zwölftel in die Höh:
Stürzt sich im Pulk und schamlos-stracks,
Auf Kaviar und Aal und Lachs ...
Der echte Egoist bleibt sitzen:
Genug gibt's - und dem Ruf kann's nützen.

Golfer-Etikette , Die 6:

"Ihr Freunde, habt ihr hingeschaut?
Mein Ball flog dort ins Heidekraut.
Es war der ganz besonders runde.
Wir suchen, gell? Ne' Viertelstunde..."

Mein Allerwertester .... Golffreund Egon, fürsorglich:

"Ich habe Dich doch streng belehrt:
Hier Holz zu spielen - ist verkehrt!
Ich hab Dich geradezu behämmert!!
Jetzt stehst Du da --und glotzst belämmert!"

Schöne Bescherung:

Ein Weib im Flight dabei -- das heißt:
Ihr Redefluss geht auf den Geist ...
"Ein Wort noch!!", sagt man da recht straff,
"Dann fahr ich Ihnen hart ins Rough!" *)

[*) Wildwuchs, unbespielbar; s. Bild auf S.73]

Golfer-Etikette , Die 7:

Ein Golfer, der den Ball verschoss:
"Ich Rindvieh! Ich Rhinozeros!
Ein Depp, wie er im Buche steht!
Und Ihr! Nun schweigt nicht noch so blöd!"

Golfer-Etikette , Die 8:

"Die spiel'n da vorn wie lahme Flundern
Und brauchen wirklich sich nicht wundern,

Wenn jetzt mein Ball - per Eisen acht -
Mal einen davon niedermacht...!"

Golfer-Etikette , Die 9:

Am Abschlag Waldbahn 12 (Par 4)
Entkorkt er rasch ein kleines Bier;
Nimmt dann 'ne Rolle Klopapier
Und schleicht mal kurz ins Jagdrevier.

Golfer-Etikette , Die 10:

"Den Bunker harken? Nicht die Bohne
Ich glaub, es geht phantastisch ohne.
Hätt' eine Wildsau hier gewühlt,
Kein Mensch hätt' sich brüskiert gefühlt!"

Schottischer Geiz:

Mc Scott, zurück in der Gemeinde:
"Was macht das Golf, ihr alten Freunde?"
Da sieht er, wie die Tränen kommen:
"Du hast das Tee [*] uns mitgenommen!"

[*] Pfennigartikel, Verbrauchsmaterial

Schräger Vergleich:

Man glaubt, wer Bunker harkt, der hätte
Auch kein Problem auf der Toilette.
Zwar spült da jeder seine Würste,
Doch: "Säubern? Ich?? Mit dieser Bürste?"

Die schwarze Putzfrau, BIMB OJUKWA:
"Die Deitsche: gutt; die Golfers: guck ma!"

Golfer-Etikette , Die 11:

"Der Folge-Flight ist wohl besengt,
Dass der mich pausenlos bedrängt!
Der will vorbei? - Ich aber möcht nich ...
Jetzt schrei'n sie: >**Fore!**< :- Na, jetzt erst recht nich!!"

Golfer-Etikette , Die 12:

Das Männerhemd, das Golfer tragen,
Darf sportlich sein - doch stets mit Kragen!
Beachtet das! Sonst führt der Gang
Zurück - stracks zum Krawatten-Zwang!

Klingt verlockend:

Die blonde Babs: "Bahn 7 schlaucht!

10 Schläge hab ich meist gebraucht.

Mit wem ich mal Par 5 gewinn,

Dem geb ich mich mit Wonne hin."

Ihr Abschlag jetzt: zu kurz und schlaff.

Der zweite Ball: direkt im Rough.*⁾ [* siehe Bild auf S.73]

Ball 4: im Bunkersand versenkt.

Golfpartner Franz, spontan: "Geschenkt!" **⁾

[*) Wildwuchs, unbespielbar; s. Bild auf S.73]
[**) = der Flight 'verschenkt' den letzten - todsicheren - Putt ;1 Strafpunkt.]

Merke:

Flexibles Zählen hat beim Golfen

Schon manchem Engpass abgeholfen.

Golfer-Etikette , Die 13:

"Wie schlimm! Man sieht doch diese Jeans

Nun immer öfter auf den Grüns.

Wie schön war's einst!" so die Senioren.

Entspannt Euch! Gebt den Kampf verloren!

Golfer-Etikette, Die 14:

"Kein Grund, warum Ihr sauer seid:
Wir spielen heut' im Sechser-Flight! *)
Heut' nacht war'n wir zu sechst beim ... Kegeln;
Wir können's jetzt nicht anders regeln!"

[*) max. 4 Spieler pro Flight sind erlaubt]

Golfer-Etikette, Die 15:

"Wie klingt das alles angestaubt!:
> Die Ehre hätt' ich Dir geraubt! <
Das klingt wie: Unverzeihlichkeit!
Wie: Wegfall der Jungfräulichkeit.
Dir ist das trotzdem nicht egal?
Ach, weißt Du was? Du kannst mich mal!"

Vergebliche Werbung:

Sehr hübsch ist sie; vielleicht 'n bisken doof.
Drum macht manch Golfer ihr den Hof.
Doch sie liebt nur, das ist bekannt,
Sich und den Deutschen Golfverband.

Man versucht's halt:

Das Telefon: "Max Meier hier!
Ich meld mich an für das Turnier.
Gebt mir ne gute Abschlagzeit
Und A/F/D in meinen Flight!" *⁾
"Ihr wollt nicht? So ein blöder Club!!
Dann streicht mich wieder! Ende!" Schwupp.

Auf der Driving-Range:

"Und ich soll hier - mir platzt der Kragen!
Von dieser Gummimatte schlagen?
Gibt's AIDS hier auf dem Golfodrom?
Ich spiele doch nicht mit Kondom!"

Golf hat Vorfahrt - immer:

Tee 1*⁾. Ein Mann zum Vierer-Flight:**⁾
"Lasst Ihr mich vor? Hab wenig Zeit."
"Sagt erst die Gründe, die bestehen!"
"Mein Weib daheim liegt in den Wehen."

[*) = Abschlag Bahn 1]   **) Flight = Spielteam, 2-4 Mitspieler (♀/♂)

Golfer - immer ehrlich?

"5 Schläge", meldet Dr.Spann
Gleich nach Bahn 6 dem Zähler an.
'Wahrhaftig??? Ich hab 8 geseh'n!"
"Na gut! Dann schreiben Sie halt 10!"

Golfetikette, Die 16:

"Wie mir der Pro das Golf verleidet:
>Ich sei nicht golferlike gekleidet<!
Der kann kein Englisch, dieser Furz!
SHORTS heißt auf Deutsch nachweislich KURZ!"

www.fotosearch.de, k5132485

Stille Idylle:

Ein wahrhafter Naturliebhaber
Golft ganz allein des Morgens. Aber:
"Da ist es", sagt der Frühaufsteher:
"Ganz still..... Bis auf den Rasenmäher".

Unsere Kernfamilie

Wie schon der Name sagt, bestand unsere Familie ursprünglich aus

- Meiner 'Großen Omi', die zu Beginn des letzten Jahrhunderts als Hausmädchen einen älteren Mann auf seinem Sterbelager heiratete, um dessen zwölf elternlose Kinder zu versorgen. Diese bewundernswerte Frau führte alle zwölf auf einen gutbürgerlichen Lebensweg.

- Mein Vater, Jahrgang 1900, war einer von den Kindern. Ich erlebte ihn noch als Sechsjähriger. Seit 1945 ist er im Krieg vermisst.

- Meine Mutter übernahm damit das Familienregiment, in dem ich zusammen mit meinen beiden Schwestern als einziger Jüngling unter vier Frauen heranwuchs.

- Meine eigene Kernfamilie gründete ich 1963. Aus ihr entstammen zwei Jungens, die ihrerseits natürlich ihre eigenen Familien gründeten. Ich reihe sie unter die Rubrik „Großfamilie" ein.

Fortsetzung Kernfamilie

- Mein deutscher Großvater mütterlicherseits führte in Usch/Pommern, das nach dem Ersten Weltkrieg polnisch wurde, eine Gaststätte und Metzgerei. Dort wurde auch meine Mutter geboren.

- Unsere Flucht 1945 aus dem 20 km entfernten deutschen Schneidemühl gelang, weil mein Opa - immer knapp der russischen Front voraus - seinen Planwagen mit unseren beiden Familien nach Westen lenkte. Leider 300 m zu kurz: an die Ostgrenze der Elbe, also auf späteres DDR-Gebiet.

- 1950 nahm mich die frisch mit meinem Onkel Heinz verheiratete Tante Henny mit nach Öhringen/Wttbg und befreite mich damit aus höchst schlichtem abgelegenem Landleben.

- Bis 1954 war ich also Gast in dieser Familie, bevor meine Restfamilie – damals noch relativ leicht – nach Öhringen nachzog. Meinen Lebensweg verdanke ich daher drei starken Frauen.
.
- Fast alle genannten Vor- und Mitfahren waren Gegenstand meiner Verse – mit Ausnahme meiner Großmutter, die als Patriarchin unantastbar blieb.

Ein Lebenslauf

Ruth Krause >> Krege ist da!

(Usch / Pommern, 18. Juni 1912)

War das ein Glück im Hause Krause!
Es flossen Bier und Schnaps und Brause:
Die kleine Ruth war angekommen ...

(Rest siehe Folgeseiten)

Jubiläum: - Uns Muttern wird 80

1912: War das ein Glück im Hause Krause!
Es flossen Bier und Schnaps und Brause:
Die kleine Ruth war angekommen.
Die blickte um sich, leicht beklommen,
Der Schreck fuhr ihr in die Gelenke:
Sie war gebor'n in einer Schänke!

Im Jahr, als die Titanic sank,
Da ging ihr Stern auf - Gott sei Dank!
Schon wieder brüllte jemand heiser:
"Auf Eure Tochter und den Kaiser!"
Sein Blick war derweil schon recht schräge:
Jetzt bist Du 8o, Mutter Krege.

1922: Das Girl gedieh - 10 Jahre später
War es ein rechter Schwerenöter.
Stadt Usch gehörte jetzt zu Polen.
Um was zum Leben ranzuholen
Half sie - ganz gegen die Gesetze -
Beim Schmuggel übern Grenzfluss Netze.
Und ihren Vater holte sie

*)

Aus mancher Männerkolonie.
Derweil in Rom schon die Faschisten
Die ersten schwarzen Flaggen hißten,
Nahm ihre Brüder sie in Pflege.
Jetzt bist Du 8o, Mutter Krege.

*) Alle Jahres-Bilder sind Tontafeln, vom Autor laienhaft, aber engagiert gefertigt.

1932: Die Zeit ging hin, da war sie 20;
Das schönste Mädchen westlich Danzig.
Die Jungens pfiffen auf den Fingern,
Doch sie kam nirgendwann ins Schlingern.
Schon gar nicht war sie erst zu knacken
Von den "verdammten Mist-Polacken".
Ihr Blick ging übern Netzedeich ...
Sie wollte wieder heim ins Reich.
Ein junger Mann versprach ihr viel,
Er wollte weg, nach Schneidemühl.

Max Schmeling stand im Box-Gehege.
Jetzt bist Du 8o, Mutter Krege.

1942: Der Bund mit Schleier und Zylinder,
Das Heim mit Omi, Mann, zwei Kinder,
Und Onkel Otto noch dazu -
So war'n wir unser sechs im Nu.
Erst gab's daheim die Marschkolonnen,
Dann schien der Weltkrieg fast gewonnen,
Der Mann: bestallt beim Magistrat.
Da hört man plötzlich: "Stalingrad".
In <u>Lübeck</u> fallen <u>Phosphor-Bomben</u>,
Man flüchtet in die Katakomben.

Das Deutsche Reich kriegt schwere Schläge.
Jetzt bis Du 80, Mutter Krege.

1952: Das Kriegsglück schien's noch mal zu schaffen
Mit den versprochenen Wunderwaffen.
Ihr glaubtet an die Argumente:
Als echte kleine Endsieg-Ente
Kam Ilsetraut noch auf die Welt.
Dann flammte auf das Himmelszelt.
Die Russen zwangen uns zu fliehen.
Wir hätten sollen weiter ziehen!
In Kühren^{*)} gab's den letzten Halt,
Der Iwan folgte alsobald.

Das Fernsehn West ging erste Wege ^{**)}.
Jetzt bis Du 8o, Mutter Krege.

*) Verstaatlichte Domäne in McPomm
**) Silberpfeile gegen Ferraris

1962: Dank Tante Henny, Onkel Heinz,
War'n wir im Westen wieder eins.
Erst Westernbach, dann als Belohnung
Für Deinen Mut - die eig'ne Wohnung.
Wenn auch der Mann im Felde blieb,
Du bliebst ganz treu dem Leit-Prinzip:
"Für die Familie alles geben!"
So fanden wir zu neuem Leben.
Wir fühlten uns kein Stück verwaist,
Derweil der erste Sputnik kreist.

Als ob das Glück im Weltall läge ...
Jetzt bist Du 8o, Mutter Krege.

1972: Die Kinder alle aus dem Hause.
Nur Du noch und Familie Krause
Allein im schönen Hohenlohe.
Doch dass Dir Einsamkeit nicht drohe,
Da produzier'n wie Bürstenbinder
Dir Deine Kinder Kindeskinder.
Du produzierst - nach altem Schlag -
Manch hochwillkommnen Sparvertrag.
Und kannst Dich ganz erkennbar freuen,
Wie Deine Enkel wohl gedeihen.
(Im Film klärt auf der Oswald Kolle;
Nu wird sie 80, unsre Olle.)

Olympia München lässt Dich träge;
Jetzt bist Du 8o, Mutter Krege.

1982: Die Zeit geht hin, doch Du lebst weiter
So wie bisher, vital und heiter.
Hilfst kräftig mit, nichts wird zuviel,
Im Taubenschlag von Dietrich Kühl.
Zwar plagt Dich schon mal Schulterzucken,
Doch lässt Du Dich darum nicht jucken.
Du nimmst ein bisschen Medizin
Und reist durchs Land wie Sven Hedin.
Schimpfst auf die Sozis und lässt wissen:
Der Kohl soll Kanzler werden müssen.

Das bringt er dann ja auch zuwege.
Jetzt bis Du 8o, Mutter Krege.

1992: Nun sitzen hier in großem Kreise
All die Begleiter Deiner Reise.

Nach diesem kurzen Blick zurück,

Wünscht Dir die Runde alles Glück!

Dass Du bei stetiger Gesundheit

Dein Leben lebst in aller Buntheit!

Brauchst Du zum Lesen auch 'ne Brille,

Denk dran: auch das ist Gottes Wille!

Der Dich, trotz aller Not und Plagen

Ganz ordentlich herumgetragen;

Und dies auch weiter treiben möge.

So wirst Du 1oo, Mutter Krege!

Der menschliche Lebenslauf
Muttern wird 85 (1997)

Das alte Rom ist Nabelschnur
Für uns're heutige Kultur.
„CULTURA" hieß das auf Latein;
Dies Woıtgebilde schließt mit ein
Die Pflege-Kunst von Kunst und Wissen
Und ähnlichen Absondernissen.

Was damals galt, wurd zementiert
Bis in die Neuzeit überführt.
Selbst alten Sitten und Gebräuchen
Vermochten wir kaum zu entfleuchen.
Nur eines sucht man heut vergebens:
Die Jubiläen eines Lebens.
Das konnten Römer ohnegleichen:
Für jedes Fest ein eig'nes Zeichen.

Fünf Daten gab's in den Annalen;
Das zeigen uns die Röm'schen Zahlen.
Die „**I**" zeigt graphisch an: Der Kleine
Kommt aufrecht grad auf eig'ne Beine.

Die **FÜNF, ein „V"**, versteht man so:
Der Jüngling geht allein aufs Klo.

Die **ZEHN, ein „X"**, zeigt ganz pikant:
Er legt sich frühreif aufeinand.
(Nach ein paar Tagen merkt er schnell:
Man legt sich besser parallel).

Dann kommt 'ne überlange Pause.
Der Mensch baut jetzt am eignen Hause;
Muss kühn sein Lebens-Schifflein steuern,
Und hat gar keine Zeit zum Feiern.

Die **FÜNFZIG** zeigt mit großem **"L"**:
Jetzt hockt er sesshaft im Kastell.
Was aufrecht war, ist abgeknickt
Durch manchen Existenzkonflikt.
Im unteren Teil ist abgeschlafft
Die Libido, die Manneskraft;

Doch kann der obere Teil beweisen:
Er zählt noch nicht zum alten Eisen.

Die **HUNDERT,** ein gewölbtes „C",
Steht dann am Ende der Tournee.
Der Jubilar, am Stock, verkrümmt,
Nur noch geringen Anteil nimmt,
Wenn Gratulantenpulks mit weißen
Oleanderblüten ihn beschmeißen.
Um gleich darauf mit vollen Mündern
Des Greises Kaltbüffet zu plündern.
Und Wein zu saufen auf sein Wohl.

Habt Ihr"s geschnallt? Ich wiederhol:
Fünf Mal nur durft in seinem Leben
In Rom man eine Party geben.
Da aber öffnet man das Fass.
(Berichtet uns Pythagoras).
Dazwischen trat man unscheinbar
Und schlicht ins neue Lebensjahr.
Ging bestenfalls ins Aquadrom
Und blieb ansonsten anynom.

Wie haben doch die guten Sitten
In der modernen Zeit gelitten!
Seit jener Ära Biedermeier
Sucht tausend Gründe man zur Feier:

Man feiert, freudig und bereit
Die Neumond-, Vollmond-, Halbmondzeit;
Und wenn ein Mensch Geburtstag hatte,
Gibt's stets drei Dutzend Nimmersatte,
Die ihn erinnern - nicht zu fassen! -
Er müsst sich wohl was merken lassen.

Besonders geil: ein Null-Geburtstag!
Der wird zum Fress- und Sauf- und Furztag;
Und keiner sagt, warum die Null
Extrem gewürdigt werden sull.
Statt sich dem Treiben zu verweigern,
Gibt's Leute, die das nochmals steigern.

Bestätigt hat doch der Verdacht sich:
Ruth Krege wird heut: 85!
Ich frag jetzt hier aus kühlem Grund:
Na und? Na und? Na und? Na und?
Was sollen wir mit viel Gemähre,
So tun, als ob's ihr letzter wäre?
Seht sie doch an: sie strotzt vor Kraft!
Kein and'rer hätt' das so geschafft!
Sie hat's nicht nötig, jedes Jahr
Sich anzuhör'n: ... "wie wwwunderbaaar!"

Doch ahn ich schon, wie dieser Tag
Sich so entwickelt haben mag:
a) Die Schwester Margrit, prostes-süchtig,
Schob hinterrücks und folgerichtig
In Wortkaskaden-Serpentinen
Uns' Muttern auf die Festtagsschienen.

b) Es niedertrachtet Ilsetraut,
Dass Sie die Mägen uns versaut
Mit abendlichen Köstlichkeiten.
(Bedankt Euch früh dafür beizeiten!
Nicht dass am spät'ren Abend prompt,
Ein Rülpser statt ein „Danke!" kommt).

c) Seit Wochen schon giert Schwager Dietrich
(Bekannt als Schnaps- und Käse-Wütrich)
Auf seine Chance, nach flauen Tagen
Mal wieder herzhaft zuzuschlagen....
So subversiv, im Dreier-Mixed,
Wurd dieser Tag herbeigetrickst,
Um meiner Mutter weiszumachen,
Sie würde sich total verkrachen,
Wenn Sie bei dieser Bagatelle
Nicht jedermann zu sich bestelle.

Da hocken alle: - mit den Enkeln
Sucht man Dich wohlig zu besprenkeln;
In großer Zahl sind auch gekomm'n
Die Frauensleute aus McPomm.
Die Tata kam mit Intercity
Direktemang in uns're Mitti,
Und dann auch wir, vom Hohenzollern,
Bemühten uns herbeizurollern.
Noch mancher andre sucht zum Heil,
An Deiner Seit sein Alten-Teil.

Und Du? Verschwendest Deine Rente
Für ein paar schnelle Komplimente!
Ich sag Dir heut - man wird mich hassen! -
Du sollst die selber zahlen lassen!
Sag einfach, wenn's auch viele wundert:
„Ich halt Euch frei, - doch erst mit hundert."
Und dreh dem Volk in schönster Ruh
Den wohlgeformten Hintern zu.

Nein halt! - Da ist noch eine Zahl,
Die gibt"s im Leben nur ein Mal:
Arabisch wird sie aufgeschrieben,
Teilt sich durch acht und nicht durch sieben.

Ein kluger Mensch denkt nach - und dacht sich
Ganz recht: ich mein die **88**!
Das ist 'ne Schnapszahl - und das heißt:
Dass Du als Sponsor Dich beweist.

Lass Dich an jenem Tag nicht lumpen,
Wenn's sein muss, musst Du Dir was pumpen!!
Da müssen kreisen alle Pullen:
Die Zahl allein hat ja 4 Nullen!
Beisammen hockt ein Großkreis schmausend;
Wir schreiben dann das Jahr 2000.
Da gibt's noch mal 3 weitere Nullen.
Komm uns da nicht mit Butterstullen!!

Noch heute wollen wir erfahren -
„Ich lad Euch alle -- in 3 Jahren!"
Und logisch ist vorausgesetzt:
Du bleibst genauso fit wie jetzt.

Zum Abschluss heut ein Kompromiss:
Weil schon das Volk versammelt iss,
Lohnt sich's, die Zahl der vielen Stimmen,
Auf einen Chorgesang zu trimmen.

So bleibt uns nur das eine noch:
„Uns Muttern Krege: Lebe hoch!!"

25 Jahre .... Das war 1988.
50 Jahre .... Das ist 2013.

Der Mensch beschließt mal irgendwann
"Wir geh'n zusammen, Weib und Mann".
Man leistet sich den Treueschwur
Und glaubt auch dran. Fatal ist nur,
Dass nach der Zeit des Honey-Moons
(und eingeschlossenen schönsten Tuns)
So mancher Mitmensch klar erkennt:
Dass er mit falschem Partner pennt.

Was daraus folgt, weiß man statistisch:
Die einen leiden fatalistisch,
Die andern packen die Klamotten,
Um zu der Nachbarin zu trotten.

Wir zwei gehör'n zur ersten Gruppe.
Wir löffeln noch die gleiche Suppe,
Die wir uns damals eingebrockt.
Wir woll'n das so und sind verstockt.
Und warum tun wir das, wir Blöden?
Weil wir mit'nander Klartext reden!
Wir schmeißen beide nicht mit Lehm,
Jedoch: das Lexikon von Brehm,
Es ist uns wirklich sehr geläufig,
Und drum benutzen wir es häufig.

Da waren früher "Maus" und "Spatz",
Doch wurden bald im Gegensatz
Zur Leidenschaft, die sich verflüchtigt,
Die kleinen Tierchen groß berichtigt.
"Du Ratte!" heißt es jetzt. "Du Eule!"
Man schwingt im Geist die Nudelkeule.

> Einschub:
> [O Leser! Was ich hier jetzt schreibe,
> Ist Klartext, ohne Milchglas-Scheibe.
> De facto, sei vorab gewarnt,
> Ist alles tückisch abgetarnt.]

Lässt sie mich sonntags nicht in Ruh,
Dann brüll ich: "Schleich Dich, blöde Kuh!"
Wenn mild ich an ihr Brustbein boxe,
Tönt sie mechanisch: "Alter Ochse!"

"Das schmutz'ge Hemd dort nicht hinein!
Du gehst mal wieder wie ein Schwein!"
"Kein Wunder, hab ich doch als Frau
'Ne laugewasch'ne Muttersau!"

"Hör auf zu rauchen, alter Esel!"
"Pass auf, Du Gans, ich schmeiß den Knösel
Dir gleich an Deinen Kopp, Du Huhn!"
"Das wagst Du Affe nicht zu tun!"

Und wenn ihr Singen mich verdross:
"Du grunzt wie ein Rhinozeros!"
Sie holt sich Hilfe und schreit: "Wir?
Wir leben mit 'nem Trampeltier!"

Doch manchmal auch, in schwacher Stund,
Da sagt sie zärtlich: "Blöder Hund!"
Und ich: "Du bist schon meine alte Zicke",
Wobei ich etwas näher rücke,
Und jeder weiß in dem Moment,
Dass nichts auf dieser Welt uns trennt.

So hab'n wir bis zu dieser Nacht
600 Monde zugebracht.
Wir sind inzwischen hochbetagt (?),
Wenn auch vom Zahn der Zeit benagt:
Der Lebensnerv ist nicht durchbissen,
So dass wir weitermachen müssen.

Und ich gestehe, leicht verlegen:
"Ick hew da woll nix Schlechtes kregen!"
Und manchmal gar entdeck ich sie:
'Ne kleine Prise Sympathie ...

O Gast, der Du zu Kreges[*)] fährst,
Bei uns bleibt alles gleich - vorerst ...

*) = anpassungsfähig

Nachtversammlung zu Hause

Ausgangsdatum: 10. März 1993,
aktualisiert am: 10. März 2013

Seit alters war der Küchenherd
Im Hause Krege hochverehrt:
als Mittelpunkt des Mobiliars,
und Prinzipal des Inventars.

Die Eminenz sprach jüngst zum Besen:
"Du kriegst 'nen Auftrag - ohne Spesen.
Du kommst ja überall herum
Im Krege'schen Panoptikum.
Nun sagst Du allen mal Bescheid:
Es naht 'ne große Festlichkeit:
Die Herrin wird jetzt 70 Jahre. -
Hast Du gehört? Und nun verklare,"
Sprach er - in typischer Erhitzung -
"Ich lad zur Wohnungs-Ausschusssitzung
Am Samstag, kurz vor Mitternacht.
Ich bin sehr streng darauf bedacht, -
Egal, ob niet-, ob nagelfest:
Dass jeder sich da blicken lässt!!"

So kam, kurz vor der Geisterstunde,
'Ne buntgemischte Geister-Runde
Zusammen in der großen Stube:
Vom Sofa bis zur Pasta-Tube.

Der Präsident schwang jetzt sein Glöckchen,
Und sprach (mit leicht durchglühten Bäckchen):
"Ich frag Euch, wie wir unserer Ollen
Zu diesem Fest begegnen wollen?
Wie seht Ihr sie??   - Ich könnt nicht klagen:
Bei mir hat sie sich gut betragen.
Doch wüsst ich gerne sehr gezielt,
Wie Ihr Euch so behandelt fühlt.
Packt Eure Worte nicht in Watte!
Ich öffne hiermit die Debatte..."

Der Klo-Sitz fing als erster an:
"Omannomann...!!   Omannomann...!!"

"Nana!" rief da die Kleidertruhe:
"Mich lässt sie immer hübsch in Ruhe.
Wenn die Klamotten auch vergilben:
Ich leb ganz gut mit meinen Milben".

"Ich auch" erscholl die Deckenleuchte.
"Weil ihr mein Licht zu grell-licht deuchte,
Entzündet sie am Abend Kerzen.
Die Stimmung geht mir recht zu Herzen".

"Na und? " schlug an das Telefon,
"Dann quatscht sie lang mit einem Sohn!
Die Stimmung ist doch schnell verweht!
Wie mir das auf die Drähte geht!"

"Mich hält sie immer gut in Trab,"
Ging da die Waschmaschine ab.
"Es wechselt diese Hemmungslose
Doch täglich ihre Unterhose!
Kein Wunder, dass ich nur rotiere!
Doch was ich wirklich kritisiere:
Wenn ich schon Weißes liefern soll:
Wann nimmt sie endlich mal Perwoll?"

"Ja, richtig!" rief das Bügelbrett,
"Zu mir ist sie nun gar nicht nett!
Traktiert mich mit zu heißem Eisen.
Mein dunkler Fleck kann das beweisen!"

"Den dunklen Fleck" erscholl nun spitz
Erneut der Toilettensitz,
"Den dunklen Fleck, den seh ich auch
Knapp unterhalb von ihrem Bauch,
Und mach deswegen kein Geschrei!
Dergleichen ist mir einerlei!"

Da blieb das Hackbrett auch nicht stumm:
"Auf mir hackt immer sie herum!
Es trifft doch immer nur die Kleinen!"

"Mach's so wie ich! Ich lass sie weinen "
Erklang darauf der Zwiebelschneider.
"Doch hat es keine Wirkung, leider!
Schrappt einfach weiter, so -- ruck-zuck!"

"Ich krieg von der nur ständig Druck!"
Beklagte sich die Knoblauch-Presse.

"Nun haltet alle mal die Fresse!"
Fuhr jetzt dazwischen vehement
Der Herd als Sitzungs-Präsident.

"Die Steaks von ihr, das sag ich offen,
Sind landesweit un-übertroffen!

Das schreibt Euch hinter Eure Ohren!
Ich find sie nur recht unverfroren,
Wenn sie bequem und auf die Schnelle
Nutzt die verdammte Mikrowelle!
Sie kocht sonst gut, vielleicht etwas fett.
Sag Du doch auch mal was, Tablett!"

"Na ja, wenn ich schon reden muss:
Meist kriegt sie einen Dankeskuss
Von ihrem Mann; wobei ich weiß:
Der frisst ja wirklich jeden Scheiß!"

Als nächster war der Kühlschrank dran:
Pathetisch er: "Ich klage an!
Sie kauft ne Menge Lebensmittel,
Davon vergammelt dann ein Drittel.
Ich mag da kühlen, wie ich will...
Ihr Mann wirft das dann in den Müll.
Der geht da manchmal richtig Streife".

"Im Kühlen bist Du auch 'ne Pfeife!'
Ließ sich der Tiefkühlschrank vernehmen.

"Als erster solltest Du Dich schämen!
Bei mir liegt jahrelang verwahrt
Und stapelweise aufgebahrt
Das Füllgut einer Kompanie;
Es ist 'ne echte Idiotie!
Jetzt lebt sie gar auch noch Diät...
Wie mir das an die Fassung geht!"

"Isch redt nischt übä solsche Popel,"
Rief da der Rüsselsheimer Opel.
"Isch bin ollwoil so schtack verroschtt,
Woil misch ihr Farre Nervve koschtt!
Selbscht um dä Kurffe hoizt dä Frau
Grod dursch wia ä besengte Sau!
Doch fährt sä sischää, schnell un gut;
Gonz insgehoim zieh isch dä Hut!"

(Gedankenblase: Wurde inzwischen gefeuert!)

"Schon wär's" rief da der Rasenmäher
"Bei mir, da fahr'n die andern eher.
Von Türken lässt sie - und von Polen
Mich aus dem Sommerschläfchen holen!
Doch selber ist sie auch agil,
Und arbeitet im Garten viel.

Dann stöhnt sie, häufig schweißesnass: -
>Mein Ischias! Mein Ischias!<"

"Nun halt Dich mal zurück, mein Guter",
Erscholl von hinten der Computer.
"Ich mache ihr das Kompliment,
Dass sie mich wie kein andrer kennt.
Sie war ja noch vor knapp 12 Jahren
Total beknackt und unerfahren;
Doch jetzt beherrscht sie mich vollkommen ...
Dabei bleibt etwas unbenommen,
Dass sie schon mal mit großer Kunst
Mir die Programme arg verhunzt."

Der Fernseher nahm jetzt das Wort:
"Mich glotzt sie an in einem fort!
Meist ausdruckslos und plump vertraulich.
Ich finde das Begafft-Sein graulich!
Am wenigsten fühl ich mich wohl,
Trinkt sie dazu noch Alkohol.
Vom Rotwein viel säuft diese Frau;
Erst wird sie rot, dann wird sie blau".

Was Du da sagst, ist hundsgemein!"
Kam der Toilettenspiegel ein.
"Ich sag Euch eines meine Lieben:
Das ist gewaltig übertrieben!
Sie kommt spät abends, meistens friedlich,
Sie schaut sich an, find't sich ganz niedlich,
Dann sieht man sie - zu ihrem Nutzen -
Sich ausdrucksvoll die Zähne putzen.
Dann schneidet sie sich paar Grimassen.
Warum? Das kann ich auch nicht fassen".

"Dann kommt sie auf mich," rief die Waage.
"Ganz schlimm ist meine Seelenlage:
Sie löscht das Licht, dass sie nicht sieht,
Wie ihr Gewicht nach oben zieht.
Ihr glaubt nicht, wie ich daran ächze!
Wie ich nach ihrem Manne lechze!
Der mich besteigt, stöhnt: >Donnerwetter!
Schon wieder ein paar Kilo fetter!<

Da weiß ich, dass ich etwas wert bin.
Bei ihr verliert sich jeder Wertsinn!"

Der Präsident kam jetzt zum Schluss:
"Nun weiß ich, was ich wissen muss.-
Nur einer schwieg noch ganz kokett:
Was sagst Du dazu, Doppelbett?"

Das Zwillingspärchen sah ihn an:
"Mein lieber Mann! Mein lieber Mann!!
Mein lieber Mann!!! **Mein lieber Mann!!!!**"

"Das sagt mir alles", sprach der Herd.
Dies Zeugnis ist ja Goldes wert.
Die Frau ist, wie ich das so seh
Im Großen Ganzen ganz okay.
Wenn auch paar Klagen handfest schienen:
Wir sollten treu ihr weiter dienen!
Denkt dran, sie wird jetzt langsam reifer,
Gedämpft ihr wilder Feuereifer.
Wir geben ihr noch mal Bewährung
Ganz ohne bucklige Verehrung!
Zurück ans Werk geht's jetzt, Genossen!
Punkt 12! Die Sitzung ist geschlossen!"

0ooh Gast, der Du zu Kreges fährst: -
Bei uns geht's weiter so ... vorerst- ...!

Ein schwäbischer Möbelladen bot 2015 farbiges Hühnervolk in Blech feil. Das animierte mich, auf 2 Geburtstage + 2 Ehe-Jubiläen - alle im März j. J.! - - ein altes Lied neu zu betexten. Und natürlich unseren Garten zu behühnern.

Teil I
geschehen im August 1961

(neu gesungen jeweils am 10. März j. J.
Zum Jahrestag von Huhn Pukzille)

Hahn Krücke-ri-ki:

Ich such schon lang ein Huhn,
Das wäre opportun:
Sie legt mir jeden Tag ein Ei,
Und sonntags auch mal zwei.

Sie bräucht auf dieser Welt
Nur mich als Weiberheld:
Und Tag und Nacht verwöhn ich sie
Mit meinem Kik-ri-ki.

Sie bräuchte nie mehr ins Bü-roch,
Bei mir gäb's Arbeit _ noch, und _ noch,
Und _ noch, ... und noch, _ und noch!

Jetzt fand ich Huhn "Pukzille".
Sie sprach: "Ab in die Stille,
Wir produzieren dort zu zwein
Ein Dutzend Hühner-Klein!"

[Und ich Idiot, ich Hühnerfurz,
ich liess mich darauf ein].

Teil II

Immer zum Jahrestag der Verlobung
(jeweils am 17. März j. J.)

Huhn Pukzille:

Ich traf da einen Hahn,
Ein Mannsbild und Galan,
Er sprach zu mir von Kumpanei,
Da legt ich ihm ein Ei . . .

Das Ei war frisch und weiss,
Er sprach: "Was soll der Scheiss,
Du brauchst zuvor 'nen Hahnen-T
So ging ich mit ihm mit . . .

Da kamen wi-ir zum Hühnerloch,
Und er be-trat mich noch ... und
Und noch . . . und noch . . . und

(Als wir uns ausgetobt,
Da hab'n wir uns verlobt).

Ach hätt ich doch, ach hätt ich
Was and'res noch erprobt!!

[Dock-Dock-Dock-Dock-Doouck...]

Seit April 1963

Zum Jahrestag von Krücke-riki's Hochzeit
(jeweils 22. März j. J.)

Krücke-riki-Double JOKER:

"Ich bin sein Zweites Ich.
Er bat mich flehentlich! ...:
Er kommt mit
diesem Weib nicht klar,
Das einst so schüchtern war.

Sie gackert und sie schreit
Die liebe lange Zeit,
Ihr Mundwerk scheint nicht stillzustehn,
Er kommt nicht mal zum Krähn!"

Sie ärgert see-ll-bst den Suppenkoch,
Der rennt ihr nach,
Verfehlt sie doch, ... und noch,
Und ... noch, ... und noch!

Jetzt packen wir zu zweit
Sie fest am Federkleid!
Und schleifen sie, und schleifen sie
Zur Hühner-Therapie!

[Kiki-ri-ki, kiki-ri-ki,
Zur Hühner-Therapie!]

Unsere weitere Großfamilie

Bei meinen Charakterbildern musste ich mich auf einige Personen beschränken, die auch genügend Erzählstoff anboten.

Dazu gehörten natürlich meine beiden Schwestern, Schwager Dietrich und meine beiden Jungs.

Im weiteren Umkreis selbstverständlich auch meine Schicksal bestimmenden Wohltäter Tante Henny und Onkel Heinz und –

wegen ihrer besonderen Ausstrahlung - auch die Schwiegermutter Tata meiner Schwester Margrit. Deren Nürnberger Tochter Beate war gleichfalls Ziel meiner Reime.

Bei so viel Freude, die mir die einzelnen Spottobjekte machten, ging naturgemäß auch mein gefühlter Pflichtenkatalog in die Breite, weil bei jedem herausragenden Jubiläum stillschweigend eine spezielle Würdigung erwartet wurde.

Ich habe mich bemüht, sie möglichst ökonomisch zu erfüllen.

Einen Auszug auf den nachfolgenden Seiten.

Himmlische Quotenregelung (1985)

Am letzten Tag im Februar,
Da trafen sich, wie jedes Jahr
(das läuft längst im Routine-Trott),
Der Teufel und der liebe Gott;
Zu einem echten flotten Zweier - (‡-†)
Dort droben auf der Kassiopeia.
Man regelte hierbei die Quoten,
In welche n Zahlen jene Toten
Des Sterbejahrs 2010
Zum Himmel und zur Hölle geh'n.

Die Sache war sehr schnell entschieden:
Und Beelzebub - wie stets - zufrieden:
Denn er bekam zum letzten End
Rund 90,9 Prozent ...

Gott rieb nervös sein Diadem:
"Ich habe da noch ein Problem:
Ich nehm' das Ding mal bei die Hörner:
Da gibt's doch noch die -- Margrit Körner[*)]
Die ist dann - wart mal! - fünfundsiebzig;

*) Die ältere Schwester des Autors

Aus ihrem Lebenslauf ergibt sich:
Sie ist ein ganz besonderer Mensch,
Hätt' Anspruch auf 'ne Texas-Ranch!

Doch weißt Du selbst, bei mir im Himmel
Herrscht mittlerweile so'n Gewimmel:
Ich muss da jeden Wolkenfetzen
Mit 50.000 Mann besetzen!
(Ich meine die Normalverbraucher).
Doch DIE, kein Trinker und kein Raucher,
'Ne Frau mit Herz und mit Verstand,
DIE kostet mich paar Hektar Land!!
Wie soll ich - wo die Mittel fehlen -
Das alles nehmen und nicht stehlen?
Ich freu mich, glaubst Du's oder nicht,
Bei jedem echten Bösewicht.
Du hast ja so viel Raum vorhanden,
Dass die bequem im Orkus landen.
JETZT ... DIE! Mit ihrer reinen Bluse!!!
Du, Satan, hilf mir mal! Nimm Du se."

Der Deibel war nicht grad entzückt:
"Sag, lieber Gott, bist Du verrückt?
Dein Sohn schrieb Dir in die Statuten:
> Es fahr'n zum Himmel alle Guten. <

Und dass DIE gut ist, wirst Du wissen!
Wir hätten die doch glatt beschissen
Mit solchen illegalen Mätzchen!
Da hilft Dir nichts! Such ihr ein Plätzchen!
Sie hat's verdient! In Frieden ruh' se.
Mit einem Wort, Freund Gott: Nimm Du se."

Gott Vater war nun leicht verstimmt:
'Wenn man bei DER die Lupe nimmt,
Dann hat die, scheinbar auserkoren,
Es faustdick hinter ihren Ohren!

Du weißt, ich kann als einz'ges Wesen
Auch menschliche Gedanken lesen.
Du siehst ja immer nur die Fakten ...
Doch hier bei mir steht in den Akten:
Als man die Miete IHR erhöhte,
SIE kurz sich mal zur Seite drehte,
Und sprach - der Petrus kann's verbürgen -:
>Die Kerle müsste man erwürgen! <
Das ist doch schließlich so frivol,
Dass sie schon gleich der Teufel hol!

Und neulich, als ne kleine Mücke
Ihr stach in beste Körperstücke,

Verlor Sie alle Disziplin:
Nahm sich ein Fernseh-Magazin:
War drauf und dran, ich kann Dir sagen,
Den armen Quälgeist zu erschlagen!
Da merkt sie, dass ihr das nicht frommt;
Schnell schaut sie, wann der Derrick kommt.
Was für 'ne Tarnung,' ne abstruse!
DIE, in den Himmel? Nee!! Nimm Du se!"

Der Satan war nicht kleinzukriegen:
"So kannst Du nicht die Fakten biegen!
Die tat doch niemand was zu Leids,
Hat jahrelang beim Roten Kreuz
Betreut die Lahmen und die Alten!
Vorbildlich ihr Sozialverhalten:
Sie schickt den Kindern und Familien
Pakete ab - bis nach Brasilien!
Ins Ursprungsland der Pampelmuse ...
Gib Dir 'nen Rucker, Mann! Nimm Du se!"

"Ich will die nicht!" rief der Allmächtige.
"Die ist suspekt! Ja - ich verdächtige
Sie eines ganz verkommenen Triebes!

Sie hat ja vielleicht was Nettes, Liebes,
Das - scheint's - kein Wasser trüben kann:
Doch war sie jetzt mit einem Mann
Bei-samm'n im winterlichen Salzburg
(Du weißt schon, dieser Mozart-Schmalz-Burg)!
Was diese beiden dort getrieben,
Steht leider hier nicht aufgeschrieben.
Ich weiß nun nicht: was tat der Mann da?
Ich musste los, grad nach Ruanda;
Doch hab ich Anlass, zu vermuten,
Dass die da wild im Bette ruhten ...

Was ich noch weniger verstehe:
Ich sah sie jüngst in nächster Nähe
Des Sex-Shops von Beate Uhse ...
Geh mir bloß los mit der! Nimm Du se!"

Der Teufel lachte schrill und herzhaft:
"Was ich jetzt sage, das wird schmerzhaft!
Der Partner dieses Lustvereins,
Das war ihr Oheim, Onkel Heinz!
Ich hab ja selbsten spioniert,
Ob sie den armen Kerl verführt.
Mein Gott! Was hab ich da gefroren!
Schlug mir zwei Nächte um die Ohren.

Und hab gelauscht mit allen Tricks.
Ich sag Dir heute: Da war nix!
Im Gegenteil: Familiensinn
Treibt sie zu solchen Taten hin.
Für ihre Tochter, ihre Mutter,
Gäb sie ihr letztes Stückchen Butter.
Auch wie Sie sich um Tata sorgt!
(Schon mal ein Vita-Malz entkorkt),
Nein, nein! Ich sehe keine Fluse
Auf ihrer Seele! Drum: Nimm Du se!"

"Lass mich in Ruh!" schrie da Gottvater.
"Ich sah sie kürzlich im Theater:
Der Kassenwart hatt' ihr soeben
Ne Mark zuviel zurückgegeben.
Na glaubst Du, die hat reklamiert?
Hat seelenruhig abkassiert !
Pack die doch mit dem ... Waigel? Wiegel?
In einen großen Röste-Tiegel!.
Und eins will ich noch offenbaren:
Die Dame kann nicht autofahren!
Nun stell Dir vor: am Himmelsort
Besteigt die ihren alten Ford,
Und fährt von ihrer Hazienda

In alle fernen Himmelsländer!
Dann schreien wieder alle Heiligen:
Ich müsste sie verstärkt beteiligen.
Die auf der Milchstraß? die Konfuse?
Zum allerletzten Mal: Nimm Du se!"

"Nein, nimmermehr!" schrie da der Teufel.
"Mich plagen ja die gleichen Zweifel!
Die bringt mir alles durcheinand,
Leiht meinen Sündern Herz und Hand.

Die werden alle gut und edel.
Ja bin ich denn der letzte Blödel?

Am End entsteht, das seh ich schon,
Ne höllische Revolution!
Die hängen mich, den Mund voll Schaum
Am nächst geleg'nen Höllenbaum!
Dann schließt die ganze Luderschaft
Gewaltbereinigt Bruderschaft;
Und peinerlöst hast jedenfalls
Die ganze Sippschaft Du am Hals.
Das gäb ein Küssen und Geschmuse!
Willst Du das nicht? Na, dann nimm Du se!"

" Ja, Himmelherrgotts-Sakrament ! "
schrie da Gottvater undezent.
"Wenn schon bei uns die Fetzen fliegen:
Ist dieses Weib nicht totzukriegen?
Ich überleg mir gerade eben:
Wir lassen die noch etwas leben.
Komm, lass uns das Problem vertagen!
Ich will da erst noch Petrus fragen."

Nun wissen wir hier auf der Erden:
Du, Margrit, darfst noch älter werden.
Doch musst Du bleiben, wie Du bist.
Vielleicht, dass man Dich total vergisst!

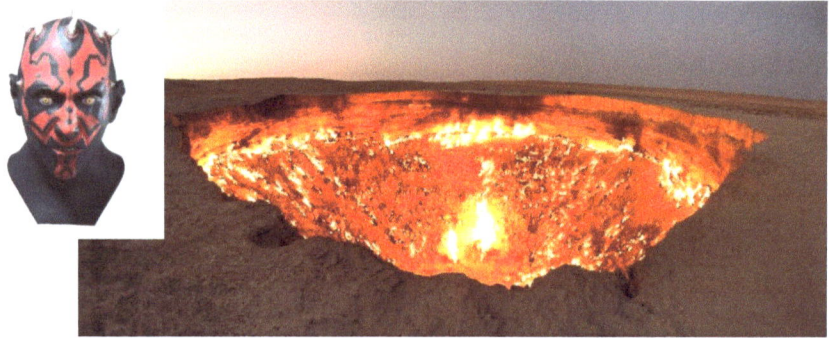

Ich reservier für alle Fälle
Dir einen Warmplatz in der Hölle ...

Onkel Heinz Krause und seine Frau Henny spielten Schicksal für unsere Kernfamilie. 1950 nahm sie mich aus primitivsten Fluchtverhältnissen mit nach Öhringen/Wttbg. Unsere Restfamilie folgte noch vor dem Mauerbau und wurde "westlich" und sesshaft.

Lieber Onkel Heinz!

1. Was lebt, wird älter mit den Jahren,
Verliert an Lebenskraft und Haaren;
Doch Dir ein Wort von Deinem Neffen,
Der, - traurig, Dich nicht selbst zu treffen -,
Sich äußert hier als Verseschwinger:
"**Du wirst mit jedem Jahre jünger!**"

2. Ich war ein Jahr grad alt geworden,
Du schon Soldat mit ersten Orden!
Hast in Europa rumgeknallt,
Warst 26mal so alt!!
Sahst mild auf solche kleinen Dinger.
Doch wart! Bald wirst Du merklich jünger!

3. Der Krieg war aus. Du kamst zurück.
Im Ländle fandest Du Dein Glück.
Dein Neffe, grad 6 Lenze zählt er,
Da warst Du nur noch 5-fach älter!
Mit Deinem Ehering am Finger
Siehst Du? Warst Du bedeutend jünger!

4, Dein Weib besucht uns in der Zone.
Da war ich elf; sie nahm mich ohne
Viel Federlesens mit sich in den Westen.
Dreimal so alt warst Du am besten!
Ein Wirtschaftswunderkraftvollbringer,
Und wiederum ein Stückchen jünger!

5. Im Jahr, wo Dutschke und Konsorten
Wild demonstrier'n an allen Orten,
Da bist Du - wie absonderlich -
Nur grad noch doppelt alt wie ich.
Zwar bräucht die Glatze dringend Dünger
Doch nochmals wurdst Du spürbar jünger!

6. Nun bist Du siebzig; und der Pimpf
Folgt Dir mit Faktor eins-Punkt-fünf.
Und doch hast Du - leicht angejahrt -
Dir Kraft und Lebensmut bewahrt.
Du alter Verrenberg-Bezwinger:
Wie machst Du's nur? Schon wieder jünger!

7. Nun - jedes Spiel hat seine Grenzen;
Doch rechnerisch, bei tausend Lenzen,
Wär das Verhältnis eins-null-zwo

Und damit pari irgendwo.
Lässt man uns aus dem Zeitenzwinger,
Schwupp! Wirst Du nochmals deutlich jünger!

8. Dir wünsch ich heut', zu diesem Feste,
Ganz herzlich nur das Allerbeste.
Gesundheit, Glück, die Augen blank,
Stets eine gute Wurst im Schrank;
Der Schnaps, er werde nicht geringer,
Dann wirst Du weiter jung und jünger!!

Beweis:
1940: 1 Jahr/26 Jahre   = 1 : 26
1945: 6 Jahre/31 Jahre   = 1 : 5
1950: 11 Jahre/36 Jahre   = 1 : 3
1967: 28 Jahre/53 Jahre   = 1 : 2
1984: 45 Jahre/70 Jahre   = 1 : 1,5
2914: 975 Jahre/1000 Jahre   = 1 : 1,025641

(kannst nachrechnen!)

Kutscher Heinrich zum Achtzigsten

In einem Parkhaus in Heilbronn-
Ein rotes Sport-Car; links davon
Fährt gerade zu ein Audi 80.
Aus seinem Sitz schält mit Bedacht sich
Ein ältrer Herr,- mit einem Lappen,
Um an den Kühlergrill zu tappen,
Wo er in Null-punkt-komma-nischt
Ein Staubkorn von der Haube wischt.

Sodann poliert mit viel Gereibe
Er schwungvoll seine Windschutzscheibe;
Legt dann ein Klötzchen unter's Rad,
Und macht sich auf in Richtung Stadt.
Der Nobelbock, leicht hochgestochen:
"Was war denn das für'n geiler Knochen?"

Der Audi, steif wie eine Eins:
"Das war mein Boss, der Kutscher Heinz!
... Wir stehen leider etwas eng:
Ich find, Du riechst ein bisschen streng!"

"Bist Du verrückt??", der andere bellt:
"Das ist der Duft der weiten Welt!!

... Ich war an vielen fremden Stätten;
Das siehst Du hier an den Plaketten.
Hier! Golden Trophy von Monaco.
Hier! Großer-Masters-Preis Gran Chaco.
Hier ! Goldcup-Sahara-Safari.
Steh stamm! Du sprichst mit 'nem **Ferrari!!** -

... Ich rieche streng!? Dass ich nicht spinne,
Du ... Hosenträger-Nuckelpinne! !
Mein Boss ist Johnny aus Bruchhausen.
Wenn wir so durch die Kurven sausen,
Bricht mir vor Angst schon mal der Schweiß aus;
Doch sportlich riecht's - kein Mensch nimmt Reißaus!
Sehn wir am Horizont 'nen Punkt,
Dann zack! Sind wir vorbeigezunkt!

Mein Chef chauffiert die flott'sten Bienen;
Kaum sind im Cockpit die erschienen,
Da heißt's schon: "Du fährst aber schnell, gell?
Danach erst geht's es ins Hotel, gell?"
Mein Sitz wird feucht von feuchten Höschen:
Da hilft dann auch kein Puderdöschen.
Doch wöchentlich, am Donnerstage,
Jagt er mich durch die Waschanlage.

Dann riech ich wieder sehr manierlich.
Was Du da sagst ist despektierlich!"

Der Audi nahm das ganz gelassen:
,,Das mag ja alles zu Dir passen;
Mein Herr genießt - denn er hat ... Zeit -,
Das Abenteuer LANGSAMKEIT.
Sehn wir von fern 'nen Meilenstein,
Ruf ich: ,,Bald werd'n wir bei Dir sein!"
Er echot, dass er Hermann heißt,
Der Rabe Klacks ihn oft bescheißt;
Er spricht vom Salzfraß bei Kollegen,
Von seiner Einsamkeit im Regen;

Dann sind wir dran - und ausgeweint,
Nickt er mir zu: ,,Machs gut, mein Freund!"
Derweil Heinz Krause, noch und nöcher
Umkurvt die kleinsten Straßenlöcher:
Es soll'n die drin enthalt'nen Pfützen
Mir doch mein Blechkleid nicht verspritzen!

... Statt einer Schar blutjunger Mädies
Kutschiert er stets paar ält're Ladies.

Die scheuen jedes Risiko.
So schrien sie kürzlich: ,,Ras' nicht so!
Sonst kommt uns hoch", so schrien sie laut,
,,Der Kaffee von der Ilsetraut!"-

Dem Kutscher Heinz kam da der Zorn:
Er beugt sich windgerecht nach vorn
Und schrie, mit Augen wie Laternen:
,,Jetzt sollt Ihr mich mal kennen lernen!"

Dann gab er Gas. Wie der da brettert,
Der Tacho ihm auf 70 klettert!
So rast er wie 'ne wilde Sau
Bergab - stracks nach Bad Rappenau,
Wo schockbeschleunigt seine Damen
Verstört die Kurmusik vernahmen.

Doch Heinz, noch nervlich ganz erschossen,
Hat sein Torero-Sein genossen.
Und bleibt seit dem Tag ungerügt,
Wenn er bei 65 liegt ...
So fährt er - Tempo immer gleich -
Von Dänemark bis Österreich!

... Ich kenne keine Waschanlage;
Er pflegt mich selbsten alle Tage!
Mit Wasser, lauwarm angerührt;
Dann werd mit Shampoo ich massiert.
Als nächstes folgt, - das ist ein Muss -,
Ein gut gekühlter Kneippkur-Guss.
Um drauf vom Dach bis den Rädern,
Mich systematisch abzuledern.

Dann sollen frische Gurkenscheiben
Mir Farbermattigung vertreiben.
Und letztlich werd ich, End vom Lied,
Mit Kölnisch Wasser eingesprüht...
... Hier, sieh die meinige Plakette:
Welt-einzigartig wie ich wette!
Auf dieser heißt es, wortgetreu:
> Seit 80 Jahren unfallfrei <.
Bei Dir seh ich, Du junger Sack,
Du trägst ja schon den dritten Lack!"

,,Das stimmt", sprach jener irritiert.
,,Ich wurd schon zig-mal repariert;
Zerbeult, zerdeppert, eingedrückt,
Und immer wieder neu geflickt.

Ich hätt schon gern, wär's nicht verboten,
Mal einen anderen Piloten.
Doch bleibe ich, wenn auch geschunden,
Mit meinem Johnny fest verbunden."

Nur insgeheim sprach er an sich:
,,Den Kutscher Heinz, den pack ich mich!
So sind die Marktgesetze: hart! -
Ich lad den ein zur Probefahrt;
Und wenn ich den von mir berausch,
Verführ ich ihn zum Partnertausch!"

Als wär's geplant zu diesem Zwecke,
Biegt da Heinz Krause um die Ecke.

Was folgt, ist wahrhaft schauerlich,
Moralisch höchst bedauerlich:
Jäh leuchtet auf mit einem Schlage
Die Topcar-Autowarn-Anlage;
Das Klappverdeck schwingt auf halb vier,
Weit öffnet sich die Fahrertür;
Die Heckantenne, chromveredelt,
Jetzt wie ein Hundeschwänzchen wedelt.
Der Super-Platten-Star James Bondel
Per Radio singt "Komm in die Gondel."

Und wahrlich nicht zu überhören,
Fängt auch der Motor an zu röhren.

Heinz Krause sieht man kurz verharren.
Dann brummt er grimmig: "Blöder Karren!
Gehört bestimmt so' m Straßen-Rowdy."
Dann öffnet er ...... den alten Audi,
Prüft, selten fröhlich und entspannt
Sein Licht, den Öl-, den Wasserstand,
Nimmt dann sein Klötzchen weg vom Reifen,
Um fest jetzt ins Volant zu greifen.
Er pfeift ein Lied von Johann Strauß,
Und fährt beschwingt zum Tor hinaus ...

So endet nun das Schelmenstück.
Sein Titel lautet: Heinz im Glück.
Und dieses Glück, so wünschen alle:
Es bleib Dir treu - in jedem Falle!

8o. Geburtstag von Tante Henny*⁾ (1992)

An diesem Tage, wo der Blick
Ganz automatisch geht zurück
In alte, scheinbar goldene Zeiten,
Gibt's auch 'nen Beitrag meinerseiten.

*)Meine Schicksals-Fee, siehe Folgetext

Es war vor 42 Jahren.
Da kam nach Kühren*⁾ angefahren,
Um die Verwandtschaft zu besuchen,
- Mit West-Orangen, Schnaps und Kuchen -
Die junge Frau von Onkel Heinz.
Wir Kührener war'n uns alle eins,
- Karg wie das Leben uns bemessen -:
Wir werden das wohl nie vergessen!

Ich war da elf; seit den Dezennien
Bin ich verschweißt mit Tante Hennyen.
"Der darf", sprach sie, die Augen glühten,
"Doch hier nicht lebtags Kühe hüten!
Ihr müsst ihn aus der DDR entfernen,
Der Bengel muss was Rechtes lernen!
Das ist doch nur seinem Besten."

**) 'Groß-Kühren': 30 Köpfe-Nest in der neuen DDR, hinter dem Elbdeich

Drei Tage drauf war ich im Westen.
Und Vetter Wolfgang machte brav,
'Nen Bettplatz frei im Hause Graf.
Ein Vielfraß mehr war jetzt beim Essen.
Ich werde das wohl nie vergessen!

Denn ihr, wo ich hineingeregnet,
Wart nicht mit Überfluss gesegnet.
Der Onkel Heinz fuhr seine Runden
Per Quick bis in die Abendstunden,
Für Martens als Likörvertreter.
Pro Flasche 3o Kilometer ...

So war es klar, dass auch wir Jungen
Nicht lebten völlig ungezwungen.
Des Nachts, wenn Du schon schläfrig schienst,
Da bliebst Du auf zum Stiefeldienst.
Und samstags, Wolfgang, ich und Du
Wir putzten seine NSU.
Ich Vorder-, und Du Hinterrad.
Bis Euer Gnaden zu uns trat;

Sein Urteil kam präzis und schnell:
"Um fünf heut' Abend Nachappell!"
Ganz wie ein Spieß, nur ohne Tressen.
Wir werden das wohl nie vergessen!

Auch sonst warn wir recht eingespannt,
Zu tun, da gab es allerhand.
Gleich nach der Schule scholl's: "Beeilung!
Ihr müsst mit ran zur Schnapsverteilung!"
Per Fahrrad sah man uns dann sausen,
Mal nach Möckmühl, nach Lampoldshausen,
Bis Crailsheim fuhr'n wir jungen Pimpfen,
Nach Lauffen oder nach Bad Wimpfen,
Als Glieder im Vertriebssystem.
Das war zwar nicht sehr angenehm,
Doch nötig war's, wir wussten's schon,
Und gab ne Bombenkondition.
Und unseres Könnens ganz bewusst,
Fuhr'n auftragslos, mit großer Lust
Wir an den Bodensee, nach Hessen,
Wir werden das wohl nie vergessen!

Was sonst noch war? Der Schrebergarten!
Man grub, bis die Gelenke knarrten.
Und um Erträge noch zu steigern,
(Es half kein Drücken und Verweigern),
Da suchten wir mit Eimern, Fegern,
Nach frisch gefallenen Ross-Ablegern.

Den Gäulen folgten wir belauernd,
So'n Vieh kackt schließlich auch nicht dauernd.
Und blitzschnell musst Du sein, kein Gammler,
Sonst war'n da schon paar andere Sammler.
Der Kohl gedieh drauf wie besessen.
Wir werden das wohl nie vergessen!

Ein Episödchen bleibt noch nach:
Wir suchten Holz in Westernbach,
In einem leergefegten Wald.
Das luden wir dann alsobald
Auf unseren kleinen Leiterwagen.
Nun muss man zur Erklärung sagen:
Nach Hause ging es gut bergab.
- Und eine steile Talfahrt gab
Es just im Orte Büttelbronn -.
Wir beide wussten längst davon.

Nun setzten wir uns aufs Gefährt,
Ich vorn, der Wolfgang rückverkehrt,
Mit einem Knüppel schräg zum Rad,
Zu bremsen, wenn es nötig tat.

Mit kaum verhaltener Erregung,
So setzten wir uns in Bewegung.
Doch siehe da: des Sängers Fluch
Traf gleich beim ersten Bremsversuch!
Der Knüppel brach, der Wolfgang schrie:
"Mein Gott, Du kriegst die Kurve nie!"
Der Wagen raste durch die Piste,
Da sah ich links ne große Miste.
Dort lenkt ich hin, die Augen zu:
Der Wagen stoppte ab im Nu.
Wir beide sausten wie der Blitz
- In einem Tandem-Bäcker-Sitz -
In diesen ekelhaften Haufen,
Und wagten kaum, jetzt durchzuschnaufen.

Als wir dann wieder zu uns kamen,
Uns beiderseits ins Blickfeld nahmen,
Da dachten bang wir an zu Hause.
Was sagt dazu wohl Mutter Krause?

Ich rieb von meinen Sohlen Kack
Mit einem alten Kohlensack,
Und sagte: "Noch ist nichts verlor'n,
Erst waschen wir uns in der Ohrn*)".

*) Kleiner Bach durch Oehringen

So taten wir's und blieben hocken,
Bis unsere Kleider langsam trocken.
Dann zogen wir, nur zögernd schreitend
- Und weiterhin Geruch verbreitend -,
Allmählich schließlich doch nach Haus.

"Ja, sagt mal nur, wie seht ihr aus?
Ihr seid ja beide völlig dreckig!
Und im Gesicht ganz leberfleckig!
Warum bliebt ihr so lang weg?"
Der Wolfgang sagte darauf keck:
"Im Wald hat's heut' so stark gestaubt".
Bei Gott, sie hat es uns geglaubt!
Die Frechheit hätt' ich nicht besessen.
Wir werden das wohl nie vergessen!

Vier Jahre war ich bei Euch Gast.

Wo Du mich so bemuttert hast,
Wie einen körpereignen Sohn.
Und ich? Ich wusste damals schon:
Ich könnt' Dir tausend Flaggen hissen!
Und möchte diese Zeit nicht missen.

Denn gäb's nicht Deine Offnen Türen,
so wär'n wir Kreges noch in Kühren.
Und ich bei allzu großer Schnauzen
Hätt' hinter mir paar Jahre Bautzen;
Und: hielt die Schnauzen ich geschlossen,
Säß' heut' mit Mielke und Genossen ...
Das eine wie das andere: hart!
Das alles hast Du mir erspart ...

Heut' feierst Du. Ich sag Dir Dank!
Und leere diesen guten Trank
Auf Deine Lebensleistung - und:
Nun werd' mal wieder rasch gesund!

Für mich, nach menschlichem Ermessen,
Bleibt Deine Haltung unvergessen!

Zum 50. Geburtstag (24.01.1993)
meiner kleinen Schwester Ilsetraut Kühl
(Neuauflage 2013 zum 70. Geburtstag)

Ich ahnte es schon seit Sylvester:
Wird sie jetzt 50, meine Schwester
(Die Kleine, namens Ilsetraut),
Dass wild sie auf die Pauke haut:
Den Pfarrer holt, zu lesen Psalter
Beim Eintritt in das Greisenalter,
Und einen großen Kreis versammelt,
Der jubelt, flötet, zirpt und schrammelt.
Na, dacht ich dabei ziemlich frei:
"Vielleicht bist Du selbsten Adabei."

Ich war da, wie sich baldigst zeigt,
Sehr harmlos, gleichsam blau-beäugt.
Denn sie lud mich zu diesem Datum
Mit einem derben Ultimatum:
So sprach sie, wie nur eine spricht:
"Ich wünsch von Dir mir ein Gedicht!"

Das gab's noch nie. ... Ja: ... zugegeben:
Der Dichter-Lorbeer schmückt mich eben.

Doch kommt mir's nur bei Seelenquellung,
Und niemals quasi auf Bestellung!

(Wenn sonst schon mal ein Jubilar
In ähnlich guter Hoffnung war,
Half bisher ihm sein stilles Beten,
Um schließlich freudig zu erröten.)
Doch SIE? Die teure Anverwandte
Am liebsten noch das Versmaß nannte!

Ich sag als angestellter Gast:
"Wirst sehen, was Du davon hast!"
Ich zeig jetzt mal von dieser Dame
Ein Bildnis - als Momentaufnahme.

Bevor ich dazu etwas dichte,

Ne klitzekleine Vorgeschichte:

Ich kenn sie, wie sie keiner kennt:
Schon gleich im ersten Treffmoment,
Als sie da in der Wiege lag,
Dacht ich: "Ich mag es nicht, das Blag!"
Ich ahnte dumpf als wüster Triebling:
Jetzt war ich nicht mehr Mamas Liebling.
So brach - kaum weg vom Mutterschoß -
Ein permanenter Kleinkrieg los:
Ich triezte sie; worauf sie petzte;
Worauf es für mich Prügel setzte;
Worauf - nach einer Schrecksekunde -,
Es reinging in die nächste Runde.

Des Pudels Kern sich erst entkernte,
Als sie mit 17 tanzen lernte,
Und merkte, dass die Männerwelt
Sich doch ganz annehmbar verhält.
Nun plötzlich war ihr großer Bruder
Nicht mehr das ekelhafte Luder....-
Jetzt fragt sie ihn als Spezialist,
Wie man denn so 'nen Mitmensch küsst.
Ich war da nicht grad unvergleichbar
Doch wenigstens bequem erreichbar.

Seit diesem anno Domini
Gabs fast so was wie Harmonie.
Ich find sie seitdem recht passabel,
Und denk nicht mehr an Queen und Abel.
Doch jetzt verlangt sie ein "Portreet..." -
Dass das nicht so per Schnappschuss geht,
Ist doch wohl klar. - Ich knips gewisslich
Detailgenau und höchst genüsslich!
Zunächst geht's um den Hintergrund:
Wie zeig ich sie? Mit Katz und Hund?
Da gäb's dann schon das erste Drama:
Ich braucht ein Breitwand-Panorama!
Das Frauchen und die vielen Viecher:
Mit Ei-ya-yei, Gebell, Gekicher.
Ein Hund brunzt ihr ans linke Bein.
Sie stolz: "Das machst Du aber fein!"
Das "Peterle" leckt ihr Gesicht.
Nein - so ein Hintergrund geht nicht!

Vielleicht sie allein? Mit großem Haus?
Dann büxt sie mir wahrscheinlich aus.
Sie sei gleich wieder zu erreichen:
Erst müsst sie die Garage streichen.
Allein im Garten? Wie entzückend!

Schon stiebt sie weg, Rhabarber-pflückend.

Ihr merkt: so fleißig wie ein Wiesel
Ist sie - (dabei tankt sie nur Diesel).
So folg ich ihr dann in die Küche.
Hier dämpft sich spürbar ihre Psyche.
Hier schaltet sie, ganz zücht'ge Hausfrau,
Dass ich vor Staunen mich nicht raustrau.
Hier bräunen Soßen, brutzeln Braten,
Hier stehen Tröge voll Salaten,
Hier wird nicht Fresswerk produziert,
Nein - Gaumenfreuden zelebriert.
Wer je von Ilsetraut beköstigt,
Bleibt ewig körperlich gefestigt.
"Matrone vor dem Küchenherd".
Ja! Dies Motiv ist Goldes wert!

Jetzt die Beleuchtung. Liebe Güte!
Welch Glanz in Kühls bescheidner Hütte!
Es blitzt der Chrom, frisch staubgewischt,
So'n Blendwerk bringt mir leider nischt!
Auf dieser Frau vom Kopf bis Schweif -
Liegt ein verwegner Silberstreif.

Da geh mit ihr ich (eben so)

Auf das verschwieg'ne Gästeklo.
Wo der Colani-Sitz inzwischen
Verstumpft ist von dem vielen Wischen.
So dass mein Fotographen-Licht
Sich breit auf mein Motiv erbricht.
Hier wirkt sie nun, bei Licht besehn,
Direkt ein bisschen fotogen.

Nun die Entfernung. Ei der Daus!
Wie sieht die Frau bei Nähe aus?
Die Haare rot. Ich hätt geschworen,
So rot ist niemals die geboren!
Die Backen rund. Die ersten Falten.
Wie kann ich das vom Bild fernhalten?
Ich muss da kräftig retuschieren,
Muss literweise Leinöl schmieren.
(Und das bei Naturalien-Gage!)
Doch halt! Der Lack in der Garage!

Zum Filter jetzt. Da seh ich sie
So seltsam positiv wie nie.
Ein weiches Herz. Voll Mitgefühl.
Die Kühl'sche ist so gar nicht kühl.
Nimmt Kinder auf an Kindes statt,
Macht Lahme sehend, Blinde satt.

Sorgt stets, auch wenn sie's beinah killt,
Dass sich ihr Gast-Haus ständig füllt.
Ja, liebenswert ist dieser Zug.
Doch stille jetzt! Jetzt ist's genug!

Die <u>Blende</u> jetzt. Was sagt ich: Still?
Still bleibt es nur, solang sie's will.
Da hebt sie an. Erzählt mir was.
Ich weiß: Jetzt öffnet sich ein Fass!
Die Sätze lang, verklausuliert,
Dass es Dich im Gebein gefriert.
Springt hin und her, von Ast zu Ast,
So dass Du nichts begriffen hast.
In einen Halbsatz presst sie Dir:
Othello, Gott und Wagenschmier.
Und das mit einer Leidenschaft,
Die tief aus Eingeweiden schafft.

Verstummt siehst Du ihr in die Augen,
Die strahlend zum Bewundern taugen.

Da <u>drückt ich ab</u>. Das Bild im Kasten,
vermocht' ich jetzt hinwegzuhasten,
Und gab mit einem leisen Prickeln
Das grad Geschoss'ne zum Entwickeln.

Heut hab das Bild ich abgeholt.
Da fühlte ich mich echt verkohlt.
Das Bild war hell, war blank - sonst nichts!
Es war wohl ein Zuviel des Lichts.

Da musst die Einsicht ich gewinnen:
Die Frau strahlt ungemein von innen!

> Mein sympathisch-chaotischer, fürsorglicher und kontakt-
> freudiger Schwager aus Heilbronn. Eine Intensiv-Analyse ...

Der Dietrich nicht! (2001)

Vorwort

Der Durchschnittsmensch in Deutschland lebt

Wie Du und ich; er sucht und strebt

Nach etwas Glück, nach Wohlergehen,

Dass günstig ihm die Sterne stehen.

Paar Normen halten ihn im Lote:

Das Grundgesetz, die zehn Gebote,

Die Anstandsregeln, Bürgerethik,

Geschmack (ein guter) und Ästhetik,

Vertraulichkeit und Pünktlichkeit,

Beschaulichkeit, Instinktlichkeit.

Ist er verlässlich und bescheiden,

Dann - mag ihn seine Umwelt leiden.

Dies alles gilt, so sag ich schlicht:

Für Dietrich nicht. Für Dietrich nicht!

Er ist nicht gerade ein Rabauke,

Haut auch nicht ständig auf die Pauke;

Er ist gewiss kein Bombenleger,

Kein public-Ärgernis-Erreger,
Nicht Kohlhaas, auch nicht Don Quichotte;
Und Gott ist un-an-tast-bar Gott.

Man denkt jetzt vielleicht: So'n Angepasster!
Der hat doch nicht das kleinste Laster.
Kein bunter Vogel, kein Pirol.

Doch halt! sein Anderssein gleicht wohl
(Ich glaub, dass ich hier richtig liege –)
Dem Abbild einer... <u>Stubenfliege.</u>
Sie fliegt mal hier, sie fliegt mal dort,
Ganz ziellos scheint's von Ort zu Ort.
Sie nascht vom Honig und vom Zucker,
Kackt keck auf Deinen neuen Drucker,
Legt ihre Eier ab kokett
Aufs frische geklopfte Schweinskotelett,
Ist stets bereit, mit frohem Brummen,
Dich freundschaftsweise zu umsummen,
Folgt freundschaftsweise Dir aufs Klo,
Setzt sich aufs Knie Dir, auf den Po,
Und fühlt sich sichtbar angeregt,
Wenn plötzlich einer nach ihr schlägt.

Dann landet sie an Deinem Ohr
Und raunt Dir: „Kommt nicht wieder vor."

Das Gleiche raunt sie ebenfalls
Am Fuß, am Brustbein und am Hals.
Und weiß bis heute nicht zu sagen,
Warum sie schließlich totgeschlagen.

Dass 'Fliege Dietrich' heut noch raunt,
Ist wie ein Wunder, das erstaunt.
Für Zeitgenossen schwer verständlich:
Der Fliegen-Bock lebt wohl unendlich!

Ich will jetzt mal mit Schulterzucken
Ein bisschen in sein Leben gucken.

I. Der Name

In Hütten, Häusern und in Domen
Glaubt mancher: Nomen ist gleich Omen.
So taufen Eltern oft ihr Kind
Auf Namen, die ein Leitbild sind:
Auf Hart-Mut, Trau-Gott, Edel-Traut
(die prompt dann jedem Blödel traut);

Sie alle, so betitelt eben,
Führ'n ein gar sittsam-wackres Leben,
Und fühl'n sich ständig in der Pflicht.

Der Dietrich nicht! Der Dietrich nicht!

Als Kinder lasen wir doch gern
Vom tapfren Dietrich, dem von Bern.
Ein Held, der strahlte; doch der hiesige
Sucht statt der Strahlen mehr das Diesige.
Der Namensspender kam abhanden:
Der „Dietrich" wurd hier missverstanden
Als diese Art Ganovenschlüssel:
Ein Drahtstück mit gebogenem Rüssel.
Der öffnet, zu des Eigners Jammer,
Den Wandtresor, die Speisekammer.

Kein Schwert hat Dietrich je gezückt!
Kein Drach im Drachenblut erstickt.
Er schlägt dafür sich zehnmal besser
Im Kampf mit Gabel und mit Messer!

In diesem Menschen hausen je:
Ein halb Gourmand, ein halb Gourmet.

Mein Gott, was kann der Mann verdrücken!
Wenn andre schon die Stühle rücken,
Steht Dietrich nächtlich auf der Matte:
Links Wurst- und rechts die Käseplatte.
Und schmatzend-schwatzend gibt es eben
'Nen neuen Schwank aus seinem Leben.

II. Der Bürgersinn

Der Vater Staat liebt ungeheuer
Die Bürger – zahlen sie doch Steuer.
Und mancher Bürger liebt zum Glück
Getreulich seinen Staat zurück.
Kommt dann der Steuerzahlbescheid,
Ist er beflissen und bereit,
Gibt gleich den Auftrag an die Bank:
So schafft er Anseh'n sich und Dank.
Was glaubt Ihr, sagt jetzt mein Bericht?

Der Dietrich nicht! Der Dietrich nicht!

Der Brief war blau: die Steuerschulden
Sind keinen weiteren Tag zu dulden!
Wenn er nicht zahlt in größter Hast,
Droht Pfändung, Haftbefehl und Knast.

Der Dietrich rief den Amtmann an:
Er käm vorbei mal – irgendwann.
Doch könnt man's ja auch heute regeln:
Er sei doch sicher gut zu Vögeln?
„Ich streue aus bei Frost und Schnee
Viel Korn, und etwas Chicoree."
Man müsse sich viel mehr vereinen,
Den Schwachen helfen und den Kleinen.
„Und wenn schon Vater Staat so geizt:
Ihr Amt wird hoffentlich beheizt?"

„-- Was da -- Ihr Schreiben-- noch betrifft:
Sie hab'n ne tolle Unterschrift!
Für mich sind Sie" – so sein Geschmeichel,
„Der beste Mann, gleich hinter Eichel!"

So redet er den Mann besoffen ...
Der Amtmann, sichtlich glücksbetroffen,
Verschob darauf sein Ultimatum
Auf ein zwei Jahre späteres Datum.

III. Der Aktionist

Am meisten schätzt ihn der Soldat:
Den guten, treuen Kamerad.
Der geht mit Dir durch dünn und dick,
Teilt mit Dir Glück und Missgeschick.
Der Zivilist kennt Parallelen:
„Mit dem? Da kannst Du Pferde stehlen!"
Ich sag Euch heute ins Gesicht:

Mit Dietrich nicht! Mit Dietrich nicht!

Um ein Uhr Nacht war ausgemacht;
Er kommt (in Räubertracht) – um acht.
Erklärt mir, dass sein Pferdanhänger
Verliehen sei – und das auf länger.
Er würd gleich mal den Nachbarn fragen:
Der hätt `nen kleinen Leiterwagen.
Im übrigen: so'n alter Gaul sei
Nur schwer zu metzeln, wenn man faul sei.
Ob wir das übersehen hätten?
Am Kiosk vorn gäb's auch Buletten!
Zu Haus blieb Ausweis („Klar!") – und Geld:
Ich soll mal zahlen; er bestellt.

Bis heut begrüßt der alte Zossen
Den Dietrich wiehernd-unverdrossen.

IV. Der Jäger und Sammler , Teil 1

Der Mensch verwendet oft viel Kraft
Auf seine Sammelleidenschaft.
Auf Münzen, Marken, alte Bilder,
Auf Bücher, Schachteln, Straßenschilder.
Doch um das Maß nicht zu verlieren,
Ist's wichtig, sich zu konzentrieren.
Dosierung gilt hier und Verzicht.

Bei Dietrich nicht! Bei Dietrich nicht!

Der absorbiert im Fall des Falles
Den ganzen Erdball, einfach: alles!
Vom Wohnklo bis zum Wohnmobil,
Vom Zinnkrug bis zum Leitfossil.
Er sammelt Schrott, Getränkedosen,
Bestimmt auch alte Unterhosen;
Ob Plastik, Eisen, ob Metall,
Er sammelt stets und überall.

Aus Großbritannien kommend lagen
6 Standuhr'n einstens ihm im Wagen.
Sein Weib, verstört und krumm gekauert,
Hat knapp die Reise überdauert.
Kaum hört sie heut 'nen Glockenschlag,
Glaubt sie, es naht ihr letzter Tag.

So müllte ihm sein Sammelsu--
In Kurzem die Garage zu.
Die Autos standen auf der Straße,
Dem Stickoxyd, dem Rost zum Fraße.
Doch seine Brocken, Socken, Glocken,
Die lagen wohlig, hoch und trocken.
Bis letztes Jahr, als seine Frau
Herausließ ihre wilde Sau:

Ein paar Container, ein paar Leute:
Blitzfrei ist die Garage heute!
Der Dietrich, unter Herzgewimmer,
Trug Restgut in sein Arbeitszimmer.
Nun stapelt's da sich bis zur Decke
Für weit're, unbestimmte Zwecke.

V. Jäger und Sammler, Teil 2

Touristen kaufen alles ein:
In Russland Schnaps, in Frankreich Wein.
Im Flugzeug, blind und ungestüm,
Pilotenbrillen, Creme, Parfüm.
Gut eingeschweißt, voll wettbewerblich;
Kein Mensch würd kaufen, was verderblich.
Der wär auch nicht ganz wasserdicht.

Der Dietrich nicht! Der Dietrich nicht!

Der führ noch heute los nach Polen,
Um sich ein halbes Schwein zu holen;
Ne Tüte Schrimps aus Dänemark,
Wurst aus Lyon, aus Belgrad Quark,
Ein paar Berliner aus Berlin,
Und frisches Mett aus dem Tessin ...

Doch unter allen Anekdoten
Hat eine <u>alles</u> überboten:
Ich schwöre, weil ich selbst dabei war,
Bei meinem Bart, was das für'n Ei war:

Der Trauerzug, ergriffen, fromm,
In einem Städtchen in McPomm,
Zieht langsam, in bedrückter Ruh,
Die Straße auf den Friedhof zu.
Da stößt mich Dietrich plötzlich an:
„Schau mal nach rechts! O Mannomann!
In dem Geschäft dort! Das ist stark!
Kartoffeln! Kilo nur `ne Mark!
Wo ist da bloß noch der Profit?
Ich nehm gleich nachher welche mit."

Zwei Stunden drauf, beim Leichenschmaus,
Schlich Dietrich still sich aus dem Haus.
Am Abend lag, man glaubt es kaum,
Ein Sack in meinem Kofferraum!
Mir kamen Halluzinationen:
Ein Auto, voll mit 4 Personen,
Mit 7 Koffern übervoll ...
Nun noch der Sack! Mein Gott, wie soll
Ich alles bringen nach Heilbronn?
Da blieb nur eine Notoption:
Der Sack dem Dietrich auf den Schoß!
Mein Leid wär klein – sein Leid wär groß.

So kam's denn auch. Und Dietrich sprach:
"Wie schön das Leben sein kann! Ach !"

PS: Ich war grad etwas ungezogen:
Das mit dem Schoß, das war gelogen.
Ich dachte damals nur versteckt:
Vielleicht gibt's jetzt einen Lerneffekt! -

Doch alles and're ist verbürgt:
Ob Ihr mich hängt, ob Ihr mich würgt.

VI. Der Entscheider

Das Beste, was ein Mann sich schuf,
Das ist ein tadelsfreier Ruf.
Der steigert sich noch, wenn er's schafft,
Sich darzustell'n als Führungskraft,
Die mühelos Probleme meistert.
Das flache Volk vermerkt begeistert
Bei Kommandeuren, Wirtschaftsbossen:
Die führen hart, präzis, entschlossen;
Sind Rambos, stehn im Rampenlicht.

Der Dietrich nicht! Der Dietrich nicht!

Ich kenn ihn gut und kann beeiden:
Er kann sich einfach nicht entscheiden!
Stets wird von fremder Kraft entschieden,
Durch Zeitdruck, Blutdruck, Hämorrhoiden.
Ein Durchschnittsmensch sagt schon mal: „So!
Ich geh jetzt erst einmal auf's Klo."
Der Dietrich geht erst, wenn sein Darm
Vermeldet höchsten Platz-Alarm.

So hat er lang herumge-eiert:
Wie? Wo? Mit wem? er heute feiert.
„Ob alle Freunde und Bekannten?
Ob nur die engsten Blutsverwandten?"
Ihr fühlt Euch wohl... wohl hier im Kreis?
Doch virtuell war, wie ich weiß
Ein jeder hier, Ihr Kameraden,
Je zehnmal ein- und ausgeladen!

Und dann das Essen: vielleicht französisch?
Gut schwäbisch? Oder polynesisch?
Auf Euren Tellern lagen schnell,
In bunter Folge, virtuell:
Fasanenbrüste, Hammelbraten,
Boeuf Stroganoff auf Blattsalaten

Ein Wildschwein-, Büffel-, Rehragout,
Ein Lendensteak vom Känguru,
Viel Rinder- und viel Schweinekram...

Doch als dann noch die Frage kam:
„Filets vom Krokodil und Zander,
Vertragen die sich miteinander?"
Entschied die Wirtin jäh alleine:
„Ich mach Euch allen--- Hühnerbeine;
Die sind schon alt und müssten weg."
Jetzt gibt's die heut, aus diesem Zweck.
Kommt <u>doch</u> was andres auf den Teller,
Fand sich <u>noch</u> Älteres im Keller .

VII. Das Gegenteil vom Gegenteil

So manches Mal schau'n wir verdrossen
Auf ein paar schlimme Zeitgenossen,
Die wir mit ruhigstem Gewissen
Am liebsten in die Tonne schmissen.

Halunken, Tagediebe, Lügner,
Hallodris, Gauner und Betrügner,
Die Bauernfänger, Vollidioten,
Die Satansbraten, Schlagetoten,

Die Blödians, die Selbstbespiegler,
Die Intriganten, Volksaufwiegler;

Und manchem riefen wir gern zu:
„Du ausgemachter Sauhund, Du!
Du Tunichtgut, Du Bösewicht!"

Dem Dietrich auch? Dem Dietrich nicht!

Denn das ist wahr, was ich erzähle:
Er ist ein Mensch mit warmer Seele.
Rechtschaffen, freundlich und geduldig,
Macht kaum sich mal des Hochmuts schuldig,
Ist fürsorglich und drauf bedacht,
Dass er der Mitwelt Freude macht;
Ist liberal und kaum verdrießlich,
Und ist als Haus-Gastgeber schließlich
So zugewandt, so herzlich offen,
Mit einem Wort: unübertroffen!
Er ist und bleibt in höchstem Grad
Ein echter Anti-Unsympath!

VIII. Schluss

Der Jubilar wird also sechzig.
Ich wünsche heute ihm: er möcht sich
Ein wenig wandeln hin zur Reife,
Zur Glied- und nicht zur Gliedersteife!
Doch hilft, ich weiß schon, dies Gedicht

Bei Dietrich nicht! Bei Dietrich nicht!

Der bleibt so bis zum jüngsten Tag,
Ob man ihn hasst, ob man ihn mag.

Und wenn dann auf der großen Rampe
Die Menschen steh'n mit Büßerlampe
Und warten auf das Weltgericht:

Der Dietrich nicht! Der Dietrich nicht!

Der merkt da nämlich gar nichts von:
Sucht Schrott grad auf dem Orion ...

Im Zeichen der Windrose
Cathrin und Sohn Torsten zur Hochzeit (1995)

Ein Kompass hat, wie jeder weiß,
Vier Richtungen auf seinem Kreis;
Die sich als Nachbarn (kann man sagen),
Gemeinhin ordentlich vertragen.
"Nordost", "Südwest" bedeutet eben:
Man kann ganz gut mitnander leben.

Doch: steh'n zwei Brüder gegenüber,
gibt's Richtungsstreit im Schwerstkaliber.
Was zeitgenössisch uns bedrückt:
Zum Beispiel: der "Nord-Süd-Konflikt".

Im Norden, weiß man, ist es kalt;
Die Menschen dort - rau wie Basalt;
Von hohem Wuchs, geschäftlich rege,
Doch meistens auch ein bisschen dröge.

Im Süden herrscht das Lotter-Laster:
Dort strebt der Mensch nicht nach dem Zaster;

Dort gibt's Bambinos, viel Verwandte,
Die Hängematte, das bel cante,
Den Palmenhain, den Meeresstrand...
Der Süden: ein Schlaraffenland!

Ganz ähnlich ist der Streit: "Ost-West":
Bei Westwind sind wir rasch durchnässt;
Und kommt das Wetter mal von Ost,
Heißt's: Sonne oder - starker Frost.

Nun sprach ein kluger Philosoph:
,,Was seid Ihr Antipoden doof!
Geht beide vorwärts ein paar Schritte
Und trefft Euch einfach - in der Mitte!"

Doch: was er übersehen hat:
Die Mauer da; den Stacheldraht;
Der Menschen zwischen Ost und West,
Ganz einfach nicht zusammen lässt.

Der liebe Gott sah mit Verdruss
Auf diesen hausgemachten Stuss.
Doch konnt er in den Menschen-Ländern
Persönlich auch nicht vie! verändern.
Drum dachte er, recht hintergründig:

"Ich mach jetzt mal zwei Menschen fündig!
Und klappt's im Zentrum nicht danieden:
Schick ich die einfach... in den Süden!"
So buchte er - auf seine Weise -
Für beide 'ne Tunesien-Reise.
(Mit nicht ganz astreinem Gewissen,
Denn: ER hätt' die bezahlen müssen!)

So flog nun **Cathrin Wulf**, aus Halle,
Ins Land der Mittelmeer-Koralle.
Knapp später folgte **Torsten K.**
Ein Wessi, nach Nordafrika.
Der wollte, ganz auf Rommels Spuren,
Nur etwas durch die Lande touren;
Weil er, als Grenadier-Soldat,
Noch was dazu-zulernen hat.
Doch bei der Hitze merkt er schnell:
Ich bleib am besten im Hotel ...

Nun saß da Amor in den Zweigen,
Und ein Orchester voller Geigen.
Und Pan, ein Meister seiner Flöte,
Spielt flugs 'ne Symphonie... - von Goethe.

Ihm schwanden plötzlich alle Sinnen.
Verstört schwamm er noch mal von hinnen;
Der Torsten, voller Apathie,
Lag träg am Pool. Da sah er SIE!

Denn der Gedanke sprang ihn an:
"Ich brauch erst mal 'nen Angriffsplan!"
(Weil ein Soldat 'ne Vorschrift braucht,
Bevor er 'ne Zigarre raucht).

Doch gibt es keine HDv: [HeeresDienstVorschrift]
> Wie attackiert man eine Frau?<

Der jähen Wollust eingedenk
krault er zurück, fragt ungelenk:
,,Verehrtes Fräulein darf ich wagen,
Ihr einen Gin Fizz anzutragen?
So einen Drink, mit Alkohol??
Vielleicht tut der uns ein bisschen wohl"!

Die Cathrin hatte längst erkannt:
,,Den Macker zieh ich mir an Land!"
So ließ sie sich, im Garten Eden,
Auch ziemlich einfach überreden.

Doch an der Bar lief der Disput
-,,Ost/West"- nun absolut nicht gut:

Man kam sich richtig in die Haare.
Bis schließlich Gott, der Wunderbare,
Den Torsten sagen ließ: ,,Da lang!!
Da hab ich mein Apparte-mang.
Wir können da ja weiter reden,
Platz gibt es auf der Welt - für jeden!!"

Er dachte still: "Da soll die kochen!
Und ich führ' Reden, hochgestochen!
Ist die beschäftigt, hau ich locker
Ihr letztes Argument vom Hocker!"

Die Cathrin dachte bei sich leis:
,,Dem Wessi tret ich in den Steiß!
Dem zeig ich, bis die Schwarte kracht,
Die Arbeiter- und Bauernmacht!"

Kaum waren sie allein für sich,
Entstand ein Kampf, ganz fürchterlich.
Der Torsten, voller Körperkräfte
(Und auch nicht ohne Körpersäfte),
Versuchte, sie in hartem Ringen,

Auf seiner Bettstatt zu bezwingen.

Auf seinen Kissen, fein gewoben,

Lag sie teils unten, er teils oben,

Und irgendwann in Streit und Hader,

Entlud er seinen Vorderlader,

Und hat, entschieden und direkt,

Sie waidfachmännisch hingestreckt ....

Welch tolle Dinge noch passierten,

Wagt Euch, - den wahrlich Interessierten -

Der Autor dieser kurzen Zeilen

Bei Leibe (!) hier nicht mitzuteilen.

Kurzum:

Die kleine Cathrin hat vermocht,

Dass jener kurze Glimmerdocht,

- Der erst das Ausgangsbild verschandelte -

Sich in ein Kerzelein verwandelte,

Das nun mit reinem, hellem Licht

Fortan zu leuchten uns verspricht.

Wenn jener einstmals schlanke Bauch

Jetzt wölbig ist - was soll das auch?

Wir ahnen, dass in kurzen Wochen,

Ein Ossi/Wessi dort entkrochen,

Der nur die kalten Krieger peinigt:

Ost-West ist nämlich jetzt vereinigt.

Und: seid Ihr Eltern erst geworden,
Und lebt fortan im kalten Norden,
Dann sollt Ihr dort - am neuen Ort -
Verfolgt vom Glück sein, immerfort!

Bald Opa, schließ ich meine Zeilen:
Fangt an, Euch endlich zu beeilen!

Nach dem Spiel ist vor dem Spiel (1998 ff.)
(frei nach Fußballtrainer Sepp Herb-Aerger)

Sohn Carsten & Kirsten zur Hochzeit 1998 - Ein Auszug

Er stand auf seines Daches Zinnen

Und schaute mit vergnügten Sinnen

Auf's halbgeleerte Samos-Glas.

,,Du, liebe Kirsten, guck mal!" ,,Was?"

,,Heut nacht siehst Du am Firmament

Ein Sternbild, das sonst keiner kennt.

Nur ich, als Astrophysikus,

Verschaffe Dir jetzt den Genuss.

Es flimmert da (da!!) aus purem Golde

Das Sternbild ,Tristan und Isolde'.

Er trotzte Nöten und Gefahr

Und liebte heiß sie immerdar.

Und sie hat traut in mancher Nacht

Die Bratkartoffeln ihm gemacht.

Die Nachwelt war davon entzückt;

So hat man sie ins All entrückt.

Ihr ew'ger Ruhm strahlt unvergänglich;

Was später kam, blieb unzulänglich.

Erst heute gibt's, so glaube ich,
Ein gleiches Pärchen - Dich und mich!
Auch ohne einen Trauschein-Stempel:
Wir zwei vereint im Liebes-Tempel.
So nenn' ich Dich, Du Gute, Holde,
Ab heute liebverzückt: >Isolde< !"

,,O Gott!" rief sie. ,,O Mannomann!
Du stehst auf meinem Majoran!
Den hab ich gerade eingetopft,
Mit Blumenerde festgestopft.
Wie mach' ich jetzt die Bohnensuppe?
Ist Dir das alles sternen-schnuppe?

Schon neulich hast Du ungeschickt
Mir einen Ginsterzweig geknickt!
Die Blumen hier auf der Terrasse
Sind hin, wenn ich Dich machen lasse!
Wie sag ich das nur Bruder Bernd?
Der fühlt sich langsam wie gehörnt,
Wenn er in 14-Tage-Frist
Mir ständig Pflanzen liefern müsst!"
,,Dein Bruder Bernd, der kann mich mal!
So'n bisschen Grünzeug! Wie banal!

Sein Schuldstand ist noch nicht beglichen:
Sein Haus hab ich ihm angestrichen!
Sein vieles Rundholz, längs und quer.
So ...! ...ausdruckslos und inhaltsleer!"

,,Mein lieber Freund, so streichst du auch
Mich mal am Schenkel, mal am Bauch!
Wo ist die Leidenschaft geblieben,
Die einstmals Dich so umgetrieben?
Du streichst an mir mit der Routine,
Als sei ich eine Waschmaschine!

In Israel, in dem entfernten,
Als wir uns näher kennenlernten,
Im Einfachbett, dort im Kibbuz,
Da glaubte ich: ,Mein Gott der tut's!
Der tut's, ein ganzes Leben lang!'
Welch frevelhafter Überschwang !
Ich fühl mich heut wie Handelsware.
Das ist nicht Wiege: das ist Bahre!!"

"Ach so! Du meinst in der Kolchose?
Wer ging da wild an meine Hose?
Da konnt' ich bohren, fräsen, dübeln;
Heut denkst du nur an Blumenzwiebeln!

Doch Schluss jetzt: dieser Frühlingsabend
Ist so erquickend und erlabend:
Wir wollen uns nicht weiter streiten
Und jetzt den Friedenspfad beschreiten!
Im Barfach steht in unserm Schrank
Ein guter Kirsch aus Hindelang(k).
Und auch ein Aquavit aus Skagen.
Na komm. Jetzt woll'n wir uns vertragen."

    PROST!

,,In <u>unserm</u> Schrank? Mein Hühnchen lacht!
Wer hat denn diesen Schrank gemacht?
Der ist nun mal zu meinem Glück
Mein eignes, goldnes Meisterstück;
Ist makellos und hoch prämiert.
Mein Schrank ist's, der den Haushalt ziert.
Stell Deinen Fusel, sei so nett,
Dir doch in Zukunft unters Bett!"

,,Ach so! Dann werd ich resoluter:
Glaub ja nicht, dass Dir mein Computer
Noch weiter zur Verfügung steht.
Kauf Dir Dein eigenes Paket!"

"Auf welchem Stuhl willst Du dann sitzen?
Du kannst Dir selber einen schnitzen!
Ich hab sie alle, buntgemischt,
Mir aus dem Sperrmüll rausgefischt;
Gebeizt, gelackt und frisch bezogen.
Sitz doch auf Deinem Ellenbogen!
Das wird ein tolles Steißbehagen!
Doch komm! Jetzt woll'n wir uns vertragen!"

        PROST!

"Du hast doch stets das letzte Wort
Und redest ständig, immerfort!"

"Und Du brauchst einen halben Tag,
Bis man mit Dir erst reden mag.
Wer morgens Dich erlebt, erschrickt er:
So'n Morgenmuffel, so'n verrückter! "

"Kein Mensch parliert, ich sag's Dir, keiner!
Am Vormittag mit einem Schreiner.
Wo sich ein Geistesblitz nur regt:
Schrr-rr-pp! Wird er einfach abgesägt!
Das Risiko will ich nicht wagen.

Doch komm! Jetzt woll'n wir uns vertragen!"

"Dein Geistesblitz? Wo war er nur?
Ich sah davon noch keine Spur.
Vielleicht bist Du in Computerdingen
Ein Ass - hier musst Du etwas Bess'res bringen."

"Da geh ich gleich zu Hewlett-Packard
Und wird nicht ständig angemeckert.
Mit so'ner Landespommeranze
Trifft man ein Pferd doch nur am Schwanze.

Ja ich, im Kreißsaal nah von Bremen
Hab Klugheit, Weitsicht und Benehmen
Geerbt von Hanse-Senatoren;
Doch Du? Am Hühnerstall geboren,
Umringt von Gänsen, Schweinen, Enten!
Reicht' s nur zu Geistes-Teil-Fragmenten. "

"Du hast 'nen Sprung in Deiner Tasse:
Wir war'n doch mal in einer Klasse!
Wenn jetzt aus Dir der Hochmut spricht:
Ne große Leuchte warst Du nicht!
Selbst in dem Studienfach Physik
Warst Du nicht übermäßig dick.

Wer hat Dir denn, noch kurz vor acht
Die Hausaufgaben schnell gemacht?"

"Du hattest Deine große Stunde
Doch höchstens in Gemeinschaftskunde!
Das hast Du aber bis zuletzt
In große Taten umgesetzt.
So kam auch die befleckte Hose
In Israel, in der Kolchose.
Ich ließ mich viel zu leicht erjagen.
Doch komm! Jetzt woll'n wir uns vertragen!"

"Ich red zuviel? Warum, wieso?
Du gehst doch 14 mal aufs Klo,
Und hockst dort über lange Stunden.
Mir bleiben kurze Schrecksekunden,
Um Dir die wichtigsten Geschichten
Am Tagesende zu berichten.
Ich glaub, nur weil ich 'SemKlo' hieß
Sahst Du ein zweites Paradies,
Um mich - zu Deinem Scheiß-Ergötzen -
In Zwischenpausen zu besetzen!"

"Das ist zuviel ! Wieviele Zeit
Verbring ich, suchst Du Dir ein Kleid?

Von Neckermann bis C + A,
Vollführst Du da Dein Trallala.
Mein flinker Darm kann sich kaum retten,
Verstopft die Kundentoiletten.
Und abends sagst Du dann zufrieden:
‚Ich hab mich wieder nicht entschieden.'
Daher mein einziges Bestreben:
Ich kann mit Dir nicht länger leben!"

"Aha! Jetzt ist es endlich raus:
Mit Dir und mir, da ist es aus !
Wenn wir zu zweit nicht leben können:
Dann Schluss ab heut! Wir woll'n uns trennen!
Wir haben uns nichts mehr zu sagen.
Nur heut noch woll'n wir uns vertragen."

PROST!

"Bevor die Möbelpacker kommen,
- Dein Auszug sei Dir unbenommen -
Schlag ich Dir vor, dass morgen abend,
- Nichts weiteres mehr im Sinne habend -
Wir uns in gute Sitten pressen,
Und noch einmal zu Abend essen.

Zum Ende unserer Epoche
Ist das begreiflich - und ich koche."

"Wie willst Du denn, um Gottes willen,
Ein solches Vorhaben erfüllen?"
"Ich koche einen Wirsing-Kohl,
Auf dass Dich dann der Teufel hol!"

"Ein Wirsing-Kohl? Den kenn ich nicht!
Kann sein, dass da ein Irrer spricht?"

"Mein liebes Kind! ein Wirsing-Kohl
Ist für uns beide ein Symbol.
Hat man den richtig abgeblättert,
Bleibt nur ein Strunk, total zerfleddert.
Sein schöner Körper, prall und rund,
Bleibt nicht gesund bei diesem Schwund.

In Segeberg gibt's den en masse
Das kennst Du nicht? Nicht einmal das?"

" Ach, Du meinst Spitzkohl? Meinetwegen!
Da braucht man sich nicht aufzuregen.
Doch der ist SPITZ! Und niemals rund!
Schon wieder Mist aus Deinem Mund!"

"Nein, rund ist er! Ich zeig's dir eben.
Er ist von vielen Kohls umgeben.
Und ist mal groß und ist mal klein,
Doch wohl-gerundet muss er sein.
Gibt's da noch irgendwelche Fragen?
Na gut! Dann woll'n wir uns vertragen!"

PROST!

Nachtrag:
Das klang ja wirklich wie verhext.
Doch das war erst der Zwischentext.
Derweil sind beide wohl-geschieden
Und mit dem Nach-Spiel[*) ganz zufrieden.

siehe obigen Titel

> Beate Körner, meine Nichte, und Michael Staffort, lebten 17 Jahre im bürgerlichen Konkubinat, bevor sie sich zur Heirat entschlossen. Ihr großer Freundeskreis bestaunt ihre Weltbummeleien, Neider und Spötter rätseln über ihre Reproduktionsrate. Wollen wir doch einfach mal spekulieren ....

Beiderseits der Zeitenwende

I. Beate & Staffi zur Hochzeit,
von ihrem Oheim, 6. Mai 1996

Wenn früher ein verliebtes Paar

Sich inniglich verbunden war,

Konnt' jeder sich drauf vorbereiten,

Dass kurzerhand die Glocken läuten.

Doch heute denkt das Volk mitnichten

An alterprobte Bürgerpflichten.

Man prüft sich lang, eh man sich bindet,

Was jedermann in Ordnung findet.

So war's mit Staffi und Beate

In ihrem Schein-Konkubinate.

Doch kann man alles übertreiben:

Denn 17 Jahre ledig bleiben,

Und dennoch teilen Tisch und Bett,

Verdient ein Guinness-Etikett!

Man fragt sich aber auch natürlich:

Was probten die da so ausführlich?
Und schadeten sich steuerlich
Jahrzehnte ungeheuerlich?
Die Lösung kam durch Euren Brief:
Jetzt kenn ich plötzlich das Motiv!

Der Grund der Un-Verbindlichkeit
War: abgrundtiefe Gründlichkeit!
Wer seinen Trauungs-Ort, wie Ihr,
Beschreibt auf Metern von Papier,
Mit Text, mit Plänen und mit Skizzen,
Muss sich hierfür viel Zeit stibitzen,
Die - logisch - ihm woanders fehlt,
Wovon mein weiteres Lied erzählt …

Es kommt dazu, dass der Beruf
Seit je sich Prototypen schuf:
(So ist schon immer ein Jurist,
Ein Mensch, der Paragraphen frisst.
Das kann, ganz ohne Bier und Wein,
Nur unverschämt furz-trocken sein).

Der Staffi in der EDV,
Denkt nano-mikro-punktgenau;

Sein Bleistift ist besonders spitz,
Er denkt in *bites* nicht, nur in bits.

Beate selbst, als Steuerfrau,
Muss allzeit dezimalgenau
Dem Steuermitmensch die Bilanzen
Aufs Pünktlichste zusammenstanzen.

So ist doch klar, dass diese beiden
Jedwede Schnelligkeit vermeiden,
Um ganz allmählich, wie die Schnecken,
sich gegenseitig zu entdecken.

Per EDV wurd' systematisch
Ihr Körper aufgeteilt, quadratisch,
Um so die erogenen Zonen,
(Die einem Leibe innewohnen)
Nach Lage, Wirkung, Eigenarten,
In einem Atlas zu verkarten.

Die ersten Jahre war'n alleine
Ganz konzentriert auf Fuß und Beine.

Der Kopf, erhärtet mein Verdacht sich,
Kam dran ab 19-82.

Dann wiederum, 4 Jahre später,
Ging's tiefer 30 Zentimeter,
Wo Hals und Arme und die Brust
Vermitteln tiefre Sinnenlust.
Dann, etwa 1990,
(So äußerte ein guter Freund sich),
Ging's nochmals weiter in die Tiefen,
Wo unerforschte Felder riefen.
Doch dann, kurz unterhalb vom Nabel,
Schien nichts mehr richtig praktikabel:
Weil das Gelände dort nicht friedlich,
Blieb jede Messung unterschiedlich.
So dass bisher erzielte Fakten
Im Datensumpf zusammensackten.

Beate, die ein Buch gelesen,
Wurd' jäh zu einem anderen Wesen.
Sie sprach: „Du kannst ja weiterschreiben!
Doch ich will nicht mehr Jungfrau bleiben!

Bis jetzt war ich gewissenhaft
Ein Opfer Deiner Wissenschaft.
Doch jetzt verlang ich vehement,
Dass endlich einer mit mir pennt!"
Das war genau vor 13 Wochen.

Nun endlich war der Bann gebrochen …
Und beide sah'n: Naturverfahren
Die ganze Wissenschaft ersparen!

Das Werk bleibt also unvollendet,
Da Amor anders Freude spendet.
Auch wird davon man leichtgewichtig.
Und so beschloss man folgerichtig:
Man legt legal sich aufeinand,
Tritt in den heil'gen Ehestand,
Zeugt jetzt vermöge seiner Schenkel
Die ersten Kinder, so auch Enkel,
Und überlässt die Lust-Statistik
Den Menschen, welche nicht so rüstig.

Darum, so wünschen wir Euch beiden:
Viel Glück und tausend Sinnenfreuden!

II. Aktueller Nachtrag und Korrektur,
von ihrem Oheim, im Juli 2011

Mein Glückwunsch einst, zu alten Zeiten,
War zu verfrüht und zu bestreiten.
Wir seh'n bestürzt: Ihr zwei lebt heut

Nun immer noch in Zweisamkeit.
Das hatte ich, muss ich gestehen,
Nun wirklich nicht vorhergesehen.

Ich glaub, ich kenn den Hintergrund,
Ganz ohne ärztlichen Befund:

Denn bei Beates Wortgirlanden
Hat Staffi „Bahnhof" nur verstanden.
Was sprach Beate doch dezent?
„Ich will, dass einer mit mir pennt!"

Der Staffi, voller bestem Willen,
Wollt spornstreichs diesen Wunsch erfüllen:
Bald klingelten zwei Obdachlose
Am Haustor, mit befleckter Hose.
Zwei Penner, wie der Herr sie schuf,
Mit Drang zu neuem Hauptberuf.

Beate hatte keine Lust.
Nahm ihren Staffi sich zur Brust:
„Ich pfeif jetzt mal auf Anstandsregeln:
Von PENNERN sprach ich NICHT! – von VÖGELN!!
Der Staffi bat, sie möcht verzeihen,
Kauft ihr sofort zwei Papageien.

Die flatterten gleich aufeinander,
Im Wohnraum und auf der Veranda.

Das fand der Staffi richtig niedlich.
Doch seine Frau wurd' ungemütlich:

„Das wird hier nix! Ich seh' es ja!
Wir fahr'n jetzt mal nach Afrika.
Vielleicht gibt es da Erotik-Pillen,
Die meine Fleischeslüste stillen."

Der Staffi hört nur: „Medizin";
<u>Das</u> war ein Fingerzeig für ihn!
Kauft ihr mit Glücklichmacher-Stolz
'Nen Medizinmann, schwarz, aus Holz.
Ein Prachtstück, allererste Ware
Auf dem Basare von Harare.
Und kauft, das Preisgefälle nutzend,
Von diesen Kerlen gleich drei Dutzend.
Von denen zeigt sich jeder Dritte
Recht stock-steif in der Körpermitte.

Nun steh'n die auf dem Vertiko.
Mal ebenso … Mal eben so …
Und wurd' sie mal zu Hause hitzig,

Dann nahm er rasch – wie aberwitzig! –
Die beiden Fächer von der Wand,
(Die er für sechs Dinar erstand)
Und wedelte, bis - Gott sei Dank -
Sie matt zurück aufs Sofa sank.

Beate half das so nicht weiter.
Sie war bereit, wurd etwas b(e)reiter,
Und ihre Sprechgeschwindigkeit
Verriet verborg'ne Sündigkeit.

Sie reisten… weiter um die Welt,
Doch jenes Feld blieb: unbestellt.

Beate tröstete stattdessen
Mit Weißbier sich und Luxus-Essen,
Bis sie vor kurzem jäh entdeckte,
Dass sie im Mittelalter steckte.

Sie sprach zu Staffi: „50 Jahre!
Der Weg wird kürzer hin zur Bahre!
Lass den Pazifik, den Atlantik,
Ich brauch zu Hause mehr Romantik!
Wär' das nicht gut für unsre Ehe?
Mit Wald und Wasser in der Nähe?"

Der Traum war ausgesprochen kaum,
Schon kauft er, nah am Waldessaum,
Ne neue Wohnung, mit Klosett,
Kauft auch ein großes Wasserbett …

Da plötzlich!!! ….wuchs ein neuer Drang!
Bei selbsterzeugtem Wellengang.
Er wusste nicht, wie ihm geschah:
Jetzt war er da! JETZT WAR ER DA !!!

Beate wurde augenblicklich
Mit einem Schlag so richtig glücklich.

So wünsch ich Euch zum Jubelfeste
Auch für die Zukunft! nur das Beste.
Doch raune gleichfalls ich verstohlen:
„Ihr habt ne Menge aufzuholen!
Denn seid Ihr beide erst mal 60,
Haut die Natur Euch - um und rächt sich".

Drum sag speziell ich Deinem Mann:
„Mensch, halt Dich ran!
MENSCH, HALT DICH RAN!!"

Gertrud Körner, die Schwiegermutter meiner großen Schwester Margrit, war zeitlebens ein sympathischer Vulkan mit Temperament und Tatkraft. Die beiden Frauen verstanden sich offensichtlich prima.

Ein Arztbesuch in Bad Cannstatt (1996)

Kaum war der Hörer aufgelegt.
Schrie Fräulein Schmidt, ganz aufgeregt:
"Herr Dr. Kirsch, da kommt 'ne Dame,
Die 90 (!!) wird. - Moment - der Name:
Frau Körner, Jahrgang 006[*)] [*) 1906]
Zum Zwecke des Gesundheits-Checks !
Sie klagt, sie fühlt sich ganz beschissen
Und möcht von Ihnen einfach wissen,
Ob jetzt, wo sie nicht mehr viel Saft hat,
Sie für 'ne Feier noch die Kraft hat.

Schon rötten sich, in weiter Landschaft,
Zusammen Nachbarn und Verwandtschaft ;
Der Bürgermeister, die Pastoren.
Sie fühlt sich schrecklich und verloren.
Und einen Wunschtraum hat sie nur:
>Schickt mich beizeiten weg - auf Kur!! <.

"Du lieber Gott!" rief Doktor Kirsch:
"Bin ich für alle nur der Hirsch?
Ich heil ja gern, ob Tripper, AIDS,

Doch kornmt mir nicht mit sowas Blöds!
Die Körner? Gertrud? Sagen Sie?
O, Heil'ger Geist! Wie lang war die
- Seit Jahren - nicht in meiner Praxis!
Die wär längst reif für die Galaxis!

Nun sorgt mir bloß und gebt gut acht,
Dass die hier nicht zusammenkracht! -
Sind alle Pflaster, Pillen, Pasten,
Sortiert im Erste-Hilfe-Kasten?
Verdammt! Schon wieder mal ist weg
Zur Reparatur mein Notbesteck!
Versäumt nicht, jetzt schon aufzuzieh'n
Zehn Serum-Spritzen Atropin,
Und legt bereit paar warme Decken,
Sollt sie der Schock hier niederstrecken!

Und eins für Sie noch, Fräulein Schrnidt:
Den Wecker geb ich Ihnen mit.
Sie wissen ja, dass alte Damen
Im Redefluss gar nie erlahmen;
Nach 10 Minuten kommen Sie
Und rufen voller Energie
(In Ihrer Hand den schrillen Wecker):

>Ein Notfall: Herzstillstand Frau ... Becker!<.
Um Gertrud Körner dann beizeiten
Dezent zum Ausgang zu begleiten".

Da klingelt's. In der Türe steht,
- Als hätt der Wind sie hergeweht -
Frau Körner. Und ganz kreidebleich
Schickt Fräulein Schmidt sie alsogleich
In Doktor Kirschs Behandlungszimmer.
"Grüß Gott!" sagt Dr. Kirsch wie immer.
"Sie woll'n auf eine Kur hinaus?
Dann bitte - ziehen Sie sich aus."

Frau Körner, allgemein genierlich,
Empfindet das nicht ungebührlich;
Derweil der Doktor, abgebrüht,
Gelangweilt zum Rezeptblock sieht.
Da blickt er auf: "0h liebe Frau!
Wie alt-ergraut sind Sie genau?
Und tragen noch so leichte Höschen,
Als wären Sie ein Buschwind-Röschen!?
In Ihrem Alter sollten Sie
Was Woll'nes tragen - bis ans Knie!"

Dann tritt er nah an sie heran
Und konstatiert: "O-Mann-O-Mann!
Ein bisschen dürr an Brust und Rippen.
Was soll's? Sie woll'n ja nicht mehr strippen!"

Frau Körner hört das mit Verdruss;
Und murmelt lautlos: "Was für'n Stuss!!"
Dann horcht er ab. Das Herz, die Lunge.
Und schließlich: "Zeigen Sie die Zunge!
Und sagen: Aaah!" - Und dann, erschrocken:
"Mein Gott! Ihr Speichel ist zu trocken!"

Jetzt wird's Frau Körner einerlei;
Mit einem Ruck macht sie sich frei.

"Ich hätte eine trock'ne Spucke?
Gott, hilf mir! Wenn ich kurz mal zucke!
Ein Leben lang hau solchen Luschen
Ich eins auf ihre dummen Guschen!"
Zeit-gleich darauf stößt ihre Rechte
Dem Doktor mächtig ins Gemächte.

Der taumelt - denn sein Hemd stand offen -
Wie unverhofft vom Blitz getroffen;

Rutscht wie ein liebestoller Lurch
Ganz flutschig unter'm Schreibtisch durch,
Und krümmt sich - unter Magenreizung -
Betäubt vor der Etagenheizung.
Nur röchelnd kann er noch verkünden.
"Ich hab so' n Ewigkeits-Empfinden."

Frau Körner, noch im Neglige,
Springt reh-gleich über's Kanapee,
(Dabei verrutscht ihr leicht ein Straps)
Und gibt dem Doktor einen Klaps
"He ! Doktor! Wenn's auch anders scheint:
Ich hab es nicht so bös gemeint!"

Dem Doktor wuchsen rasch paar Hörner.
Die Augen schlägt er auf. "Frau Körner?"
"Ach was!" sagt sie. "Ich heiße Tata.
Komm Doktor! Mach hier nicht die Flatter!"

Der Doktor, noch ein bisschen flusich,
Kommt unversehens wieder zu sich.
"Du trafst mich an der Leber hart:
Nenn mich doch künftig Eberhard."

Da klingelt's plötzlich. Fräulein Schmidt
Stürzt wie 'ne Stange Dynamit
Ins Zimmer: "Oh mein Gott, Herr Doktor.
Sie sehn aus wie ein Abgezockter!"
Schlägt dann die Augen himmelwärts:
"Ein Beckenstillstand bei Frau ... Herz!"

Die Tata stellt sich plötzlich quer:
"Nu Frollein! Geb'n Sie den mal her!
Wir ziehn den Wecker noch mal auf
Und warten froh auf den Verlauf.
Und wenn er dann noch einmal klingelt,
Dann komm'n Sie wieder reingetingelt."

Der Doc, frei von der Ohmmachtsfessel,
Quält mühsam sich auf seinen Sessel.
Ganz klein ist er - und hört sich sagen:
"Du, Tata, darf ich Dich was fragen?

Ich bin seit Jahren so frustriert,
Von Lebensängsten bombardiert;
Verbraucht an Körper und an Geist:
Du glaubst ja gar nicht, was das heißt.

Ich fühle mich ganz fürchterlich!
Hast Du nicht einen Rat für mich? "

Die Tata wurd ganz windel-zart
Und sprach: "Mein lieber Eberhard,
Ich seh, Du musst an vielen Rändern
Dein altes Leben neu verändern.
Ich seh's Dir an und weiß genau:
Du hast viel Zoff mit Deiner Frau.
Kein Wunder, wenn sie mühevoll
Dir stets die Kittel waschen soll.

Doch Du musst weg vom Einerlei:
Ich kenn da eine Wäscherei,
Wo man am Abend, selbst als Mann,
Sich seine Wäsche waschen kann.

Und hängst Du mal an dieser Angel,
Zeig ich Dir auch die Wäschemangel,
An der ich selber jahrelang
Erfüllte meinen Tatendrang ...
Der Wäschemangel ist hingegen
Im Bett der Lust ein wahrer Segen.
Dein Weibsvolk vorn, so abgehärmt,

Gehört mal tüchtig aufgewärmt.
Seit Jahren tragen sie Dessous,
Wenn's keiner merkte: Mensch! Merk Du's!

Eins sag ich Dir: das Fräulein Schmidt
Gibt Dir den besten Lebens-Sprit!
Jetzt bist Du lahm und voll Sklerotik:
Du brauchst mal einen Schuss Erotik!

'Ne Menge Ahnung hat davon
Ein gut Bekannter in Heilbronn.
(Vielleicht hat er's niemals ausprobiert,
Doch weiß er, wie man's definiert.)

Und dann Dein Haarschnitt! Lieber Mann!
So'n Zottel macht doch keine an!
Es ist noch gar nicht lange her.
Da ging ich täglich(!) zum Friseur.
Derweil er mir die Locken zopfte,
Ich abends ihm die Socken stopfte.
Das tat dem Geist und Körper wohl.
(Teils mit, teils ohne Alkohol).
Guck Deinen Körper an! Erschlafft,
Fehlt ihm kompletto Saft und Kraft.

Wir werden das jetzt besser regeln:
Pro Woche gehst Du mit zum Kegeln!
Wenn dann Dein Bizeps langsam schwillt,
Das anderswo zu nutzen gilt ...".

"Dem Wohlsein dient auch ungeheuer -
Ein Stück Erlebnis-Abenteuer.
So traurig-müde, wie Du glotzst,
Gehörst Du kräftig aufgemotzt!
Gleich morgen geh'n wir an den Start:
Ich nehm Dich mit zur Kaffeefahrt!
Da gibt es tolle Rheumadecken,
Die Glied und Glieder neu erwecken.

Danach woll'n wir auf Cannstatts Wasen
Die Achterbahn hinunterrasen.
Nach Turbo- und Koppheisterbahn
Geh'n wir noch in die Geisterbahn;

Wirst sehn: Du fühlst Dich wie im Lenz!
Und das hebt die Vital-Potenz".

Kommt stante-pede reingerauscht:
"Pardon! Wenn ich hier so ins Boot fall:

Herz-Becken-Stillstand bei Frau ... Notfall !"
Als grad dem Doc die Ohren schlackern
Fängt jäh der Wecker an zu tackern.
Und Fräulein Schmidt hat gut gelauscht.

"Schon gut!" sagt Tata ungerührt.
"Jetzt wird erst mal der Doc kuriert!!
Leg ihn mal rasch 'nen Beutel Eis
Auf seinen angeschlag'nen Steiß!
Gib ihm 'nen Schuss von Atropin,
Dann bringt er mich zur Weckherlin;
Der Straße nämlich, wo ich wohne;
Dort gibt's 'nen Kaffee bester Bohne.
Dazu ein Stückchen Marmorkuchen".

"Ich muss Sie doch erst untersuchen!"
Lallt Dr. Kirsch aus hohlem Mund.

"Ach was! Ich bin doch kerngesund!
Nur eines nehm ich, Fräulein Schmidt:
Zur Weckherlin den Wecker mit.
Das reicht für meinen Lebensbogen ...
Der wird jetzt <u>stündlich</u> aufgezogen!
Und wenn ich je das mal versäume,

Geh ich zu Recht ins Reich der Träume.
Komm, Doktor, noch hab ich 'ne Frist."

- - Die Tata, findet der Chronist:
Ist unzerstörbar wie Basalt:
Das Weib wird 1000 Jahre alt!

Zugaben

Als Gelegenheitsprodukte entstanden einige Beiträge, die außerhalb der übrigen vier Vorkapitel auf die Reservebank rutschten.

Ein paar Beispiele sind nachfolgend eingebracht.

Sie eignen sich für bestimmte Zwecke, die der Leser unbedenklich verwenden oder auch leicht für seinen Bedarf abändern kann.

Der Unterhaltungswert bleibt auch hier einigermaßen aufrechterhalten.

Die Kerker-Folter

(aus meiner Sport-Kur in Radolfzell, 1979)

an meine Jungens Torsten (15) und Carsten (11)

Was wollt Ihr von mir? Ein Gedicht?
Das Euch so recht zum Herzen spricht?
Na gut, Ihr alten Küchenschaben:
Ein solches Verswerk könnt Ihr haben!

Doch sag ich Euch gleich zu Beginn:
Dies Werk hat einen tiefen Sinn;
Ist inhaltsschwer und lang und gut;
Ist höchst dramatisch, geht ins Blut,
Verursacht Grausen, Gänsehaut!
Würgt wie ein Kloß, der nicht verdaut.
Lässt Haare ausfall'n, Hände zittern,
Schlägt in die Flucht ein Heer von Rittern,
Haut alte Frauen glatt vom Hocker ;
Kurz: ist ein echter Gruselschocker!
Schlägt Euch total in seinen Bann;
und jetzt fängt dies Gedichtstück an.

Im Burgverlies des Schlosses Stetten,
Da liegt Prinz Eisenherz in Ketten.
Bös lächelt Jago; - ihm zur Rechten:

Ein Heer von dunklen Folterknechten ...
"Ich geb Dir eine letzte Frist!
Sag, wo der Schatz vergraben ist !
Ich zähl bis drei und sagst Du's nicht,
verlierst Du so Dein Augenlicht!"

Und zum Beweis stößt siedend heiß
Er seinen Speer in dessen Steiß.
Die Knechte sieht man glüh'nde Kohlen
Vom nahen Scheiterhaufen holen.

Da ruft der Prinz in seiner Qual: "...........!"
(Fortsetzung folgt beim nächsten Mal)

[Jetzt folgten zwei Wochen Pause. Fortsetzung im Folgebrief:]

>> Fortsetzung also:

... >> Da rief der Prinz in seiner Qual:
"Mach das nicht nochmal, Du Schakal!"

Das Ende ist sehr schnell beschrieben:
Man hat ihn auf den Hof getrieben.
Dann gab man ihm den Reisepass,
Dass schleunigst er das Land verlass' ....! **[Ende]**

Ich stell mir vor, dass dieser Schluss
Euch umgehauen haben muss.

Die Reaktion rat ich genau :
Sohn Torsten murmelt': "Diese Sau!"
Und lässt noch ein paar Wörterbrocken
Bei offenem Munde sich entlocken.
Sohn Carsten sagt: "Der schreibt so'n Mist
Weil der bloß noch Salate frisst!
Doch ich kann auch, was der da kann:
Ich streng mich auch jetzt nicht mehr an."

Und Mutter Pietze*⁾ meint: "So'n Kack!   [*) alias Pukzille]
Der macht nur lauter Schabernack;
Doch immerhin ist's knapp und kurz".
Drauf lässt sie einen langen ... Seufzer.

Doch, Leute wo, an welchem Platz
Liegt denn nun wirklich dieser Schatz?
Das sollt Ihr jungen Satansbraten
Am besten selber mal erraten:
Löst Ihr das beigefügte Rätsel,
Kriegt jeder von mir eine Brezel!

(hier nicht beigefügt: ein kleines Such-Rätsel)

Die Geschichte von den zwei Igeln, - Teil I -

(Diese Postkarte animierte mich im Mai 2008 in Konstanz, meinen Enkeln ein paar Zeilen zu schreiben. Natürlich mit "Hausaufgabe!").

Klein A., Groß E., die Swine-Igel,
Sah'n erstmals sich im Wasserspiegel.
"O Gott!" schrien sie, "wie ungekämmt!
Wie borstig unser Oberhemd!"

Sie liefen beide zum Friseur.
Der dreht sie hin und dreht sie her:
"Ich kann nichts tun. Es tut mir leid!
Zu starr ist euer Stachelkleid."
Da liefen beide, ganz empört,

Dass der Frisör sie nicht frisört,
Voll Wut hinaus auf die Allee.
Da ..... ??????????????

Story 1:
Da ... stand ein großer BMW.
Dem stachen sie in seine Reifen,
Laut hörte man die Luft entpfeifen.
Die beiden sah'n: so'n Stachelkleid
Nutzt prima, fern der Eitelkeit!

Story 2:
Da ... fiel herab aus großer Höh
Vom roten Dach ein roter Ziegel;
Und glatt wie platt war'n unsre Igel.

Hallo Jungs: **Welcher Schluss gefällt Euch besser?**

	Nr. 1	Nr. 2	beide	keins
Erik				
Arne				

Bin sehr gespannt!
Euer Opa

Nachtrag, ein paar Tage später:

Die Antworten fielen nicht übermäßig entschieden aus.
Beide Jungs hätten am liebsten ihr Kreuz auf die
Trennlinie zwischen "beide" und "keins" gesetzt.
Das ließ mir natürlich keine Ruhe.
Also folgte die Variante (ohne Auswahlmöglichkeit):

Die Geschichte von den zwei Igeln, - Teil II -

Story 3:
In einer kalten Winternacht
War Knut, der Braunbär, aufgewacht.
Denn nebenan, im Blätterhügel,
Da stritten laut zwei kleine Igel.
Weil einer vom Rhabarber-Blatte
(Das sie bisher ge-vollwärmt hatte),
Sich alles untern Nagel riss.
Und auch noch böse um sich biss.

Knut brüllte: „Macht nicht so'n Geschrei,
Sonst hole ich die Polizei."

Als das nichts half, da packte Knut
Die altbekannte Bärenwut:
Mit einem kurzen schnellen Schnapp

Schluckt' er das Igelvolk hinab.
Und machte dann die Maultür zu.
Jetzt war im Walde wieder Ruh …

Die Restnacht aber fiel dem Bär
Ganz plötzlich ungeheuer schwer.
Ihm wurd's im Bauch so wunderlich,
So seltsam, so absunderlich,
Weil, was ihm da im Magen liegt,
Ihn zwickt und zwackt und packt und piekt,

So dass er schließlich das Verschluckte
Mit lautem „Glööörksssss" ins Freie spuckte.
Die Igel, blinzelnd in die Sonne:
„Das war 'ne Nacht voll tiefer Wonne!
So mondscheinfrei! Wir **schliefen warm**
Ganz tief in Deinem tiefen Darm."

Der Bär nahm brummel-bärig Reißaus:
„Ich muss jetzt erst einmal aufs Sch…... Klo!"
Die Igel riefen nur noch schnell:
„Du kommst heut Abend wieder, gell?"

Zum x*⁾ - Jahre-Jubiläum von ......xx*⁾

Es schmettern Trompeten, es tönen Fanfaren,
Es steigen Raketen zum Himmel, dem klaren,
Es jubeln Propheten in bunten Talaren,
Es hungern Asketen auf Nagelbrettbahren,
Es halten Diäten ein Pulk von Notaren.
Es feuern Musketen die treuen Husaren,
Es turnen Athleten bei Todesgefahren,
Es sammeln Proleten auf Wohlfahrtsbasaren,
Es schmeißen mit Klöten die wilden Barbaren.
Man feiert die Feten auf Sex-Seminaren,
Da schwuchteln Ästheten mit Bibliothekaren,

Da funkeln Magneten in Weiber-Schamhaaren,
(Man sucht mit Geräten nach Prachtexemplaren),
Man treibt's in den Beeten, auf Schlafmobiliaren,
Man klärt mit Dekreten das Paaren von Paaren,
Es hopsen die Föten im Hüpfburg-Verfahren.
Man zielt mit Pamphleten auf Wohnungs-Nachbaren,
Man spießt auf Staketen paar Sau-Bajuwaren,
Bemalt die Tapeten von Stripteasing-Baren
Und fischt Heringsgräten aus Duftpissoiren.
Es jauchzt in den Städten und auf Trottoiren,
Es fallen Kometen vom Weltall in Scharen,
Es flöten die Kröten, es quaken die Staren,
Es furzt ungebeten aus Zwerg-Dromedaren.

Das ist auch vonnöten: vor [seit]*⁾ **knapp 80** *⁾
Bist Du*⁾ **unter Tröten zum Weltlicht gefahren!** **⁾

Man weiht Dir *⁾ Pasteten und Zuckerbackwaren,
Man stapelt Moneten vor Opferaltaren,
Es schicken Peseten die Madagaskaren,
Die Autoritäten verfassen Memoiren,
Es treibt Majestäten zu Demuts-Gebaren,
Es blicken betreten verblichene Zaren.

Viel Obszönitäten entfahren Vikaren,
Man kommt mit Sekreten von Ex-Missionaren,
(Da riecht`s aus Paketen nach alten Pessaren). *[Uu-aah!!]*
Die Analphabeten flieh'n auf die Kanaren,
Die Lauen und Späten schrei'n: „Ruhe bewahren!"'
Es treibt Interpreten zu Lobkommentaren.

Den besten Poeten die Hymnen entfahren...
Hier <u>meine diskreten</u> – den Unvergleichbaren!

(Nach Toast und Prost:)
Den woll`n wir verlöten, danach könnt Ihr *) sparen!!

Rüdiger Krege

<u>**Anpassungsmöglichkeiten: [im Do it yourself!]**</u>
*) ggf. durch kleine Textveränderungen, je nach Bedarf
) ggf. durch: **" ... zum Dienst/Amt eingefahren!!"

Der Frauen Gedanken- Gut

I. Einführung:

Ein typisch deutsches Frauenzimmer
Nutzt hochfrequent das Wörtchen **'IMMER'**.
Schon früh, im Alter von 2 Jahren,
War erstmals ihr das Wort entfahren:
Als ihr verruchter großer Bruder
Sie vollstob einst mit Kinderpuder,
Lief sie zur Mama mit Gewimmer:
*"Der Werner schubst und kneift mich!-- **IMMER!!**"*
Und sah mit fröhlichem Entsetzen:
Ja! Wenn man übertreibt beim Petzen,
Hat man aufs Leichteste gesiegt,
Weil der von Dritten Dresche kriegt!

Nach dieser **'IMMER'**-Erst-Erfahrung
Nahm sie das Wort in Schutz-Verwahrung.
Heut steht's in ihrem Sprachsalon
Wie eine Säule aus Beton ...

O Mann! bekämpf das Reizwort **IMMER!!**
Mit Sense, Sichel, Rasentrimmer!
Sonst wirst Du baldigst - echt zu Recht
Zum schlecht dressierten Frauenknecht ...

II. Ausweitung des Themas:

Gesteigert wird im Fall des Falles
Das **'IMMER'** mit dem Wörtchen **'ALLES'**.
Da suggeriert so'n Wortgemüse
Scheint's tief geschürfte Analyse,
Scheint's Lebensweisheit und - erfahrung,
Scheint's schönste Geistes-Offenbarung.
Dabei ist's - monoton und töricht -
Nur aufgewärmter Kappes-Kehricht.

So hörst Du, bis zum Krätze-Kriegen:
*"Du lässt doch **IMMER ALLES** liegen!"*
Und forderst Du von ihr Beweise:
"Denk doch an unsre Hochzeitsreise!
Das ist zwar schon paar Jahre her;
Du dachtest nur an G-Verkehr
Und hast dann schließlich - nicht zu fassen! -
Den Nass-Rasierschaum liegen lassen!"

Seither bist Du dann routiniert
In dieses Schubfach einsortiert ...

Um diesen Zustand zu beenden,
Versuchst Du nun, ihn umzuwenden.
In einem selt'nen Augenblick

Trafst Du mit Glück und viel Geschick
Bei Deinem Beiboot(!) auf Gehör:
"Na gut", so sprach sie, "bitte sehr!
Statt dass ich in der Nase pule,
Geh ich mit Dir zur Volkshochschule.
*Der Kurs dort: >> Sag nicht immer: '**IMMER**' <<*
Verspricht mir frischen Geistesschimmer".

Gesagt, getan: dort gab's die Hatz
Auf einen '**IMMER**'-Wort-Ersatz.
Und siehe da: man wurde fündig!
Zwei Dutzend Ausweg, hinter-gründig!

So ausgestattet, nahmt dann Ihr
Euch gegenseitig ins Visier.
Und habt Euch gleich in nächster Nacht
Gepflegt die Hölle heiß gemacht.
Das war ein Spaß!! Der olle Goethe
Käm ganz gewiss in schwerste Nöte;
Der Dichterfürst, grob eingeengt,
(- Aufs Mittelmaß gestutzt, beschränkt -),
Erführe nun mit roher Klarheit
Von "Dichtung" etwas und von "Wahrheit".

Die Faust verkrampft, verzweifelt hockt er,
Den "Doktor Faust", - (sein Gretchen-Dokter) -
Den wirft er schaudernd in den Main,
Und fleht: *"Lasst mich Euch dienlich sein!"*

Gemach! Gemach! - Bleibt klug und kühl!
Spielt erst mal Euer Partner-Spiel ...!

III. Euer literarisches Streitgespräch, betreffend 'IMMER' -- und alle Ersatz-Vokabeln:

SIE: Du glotzt im Fernsehen **immerfort**
      Nur Sport und Mord und Mord und Sport!

ER: Dein Frohsinn fand ich einst begehrlich;
      Jetzt lamentierst Du **unaufhörlich!**

SIE: Dein Ader-Netz wird **regelmäßig**
      Vom Rotweinsaufen rot-gefäßig.

ER: Dein Körper, früher schlank und zierlich,
      Be-leibt sich grad **konti-nu-ierlich.**

SIE: Du meckerst schlechtgelaunt, **fortwährend**
      Dein Ton ist ekelhaft belehrend!

ER: Was fragst Du mich **alltäglich, stets:**
> *wie gehts? wie gehts? wie gehts? wie gehts?* <

SIE: Dein Nackt-Tatoo - oh wie gehässig! -
Setzt mich in Nachteil **unablässig!**

ER: Ich sag dazu nur **immerzu:**
> *O blöde Kuh! O blöde Kuh!* <

SIE: Ich kenn 'nen Kerl, der **permanent**
Am Tag mit off'nen Augen pennt!

ER: Du provozierst mich **pausenlos!**
Wann lässt Du Deine Flausen bloß?

SIE: Du säufst das Bier **in einem fort,**
Als strebst Du nach dem Weltrekord!

ER: Erwürgen könnt ich Dich **beständig**
Mit bloßen Händen, eigenhändig!

SIE: Das Gäste-Klo, so lang belegt:
Was machst Du dort so **unentwegt?**

ER: Du spiegelst lange dich und **stetig;**
Nimm mal ein Deo: das scheint nötig!

SIE Warum greifst **wieder** - Du - **und wieder**
- Du alter Lustmolch - mir ans Mieder?

ER: Hör endlich auf jetzt! - **Jedes Mal**
Singst Du den blöden Stuss-Choral!

SIE Du hockst - auf einen Fehltritt lauernd -
Am Guckloch - und beäugst mich **dauernd!**

ER: Ein Schwanz, der seine Schule schwänzt,
Ist wie ein Freigeist: **unbegrenzt!**

SIE Dein Treugelübde: **>> Niemals! NIe! <<**
War doch die reinste Blasphemie!

ER: Ein Mensch, den es nach Sex gelüstet,
Der plant gemeinhin **unbefristet.**

SIE Dein Körperkultus braucht ja **ewich!**
Ganz langsam stinkt mir das allmählich!

SIE Halt jetzt das Maul! - **un-unterbrochen**
Hast Du nur ständig Mist gesprochen!

ER: Ich schwor Dir einstmals: **>> Lebenslang! <<**
Jetzt suche ich den Notausgang ...

Ein paar Grüße aus Limerick

Ein Professor wurd nicht seinen Frust los,
Selbst beim Sex blieb er teilnahms- und lustlos.

    Folglich stieß ihm sein Weib
    Einen Dolch in den Leib.

Seither liegt er da tot. Und bewusstlos.

Der Bewohner einer Burg namens Boitzen~ [~burg]
Hat versucht, durch den Schnäuzer zu schnäuzen.

    Er erkannte, wie's da glibbert
    Im Barte - und bibbert,

Dass die Schnäuzer das Schnäuzen durchkreuzen.

Die Top-Augenärztin, Doc Edeltraut,
Beruflich in manch kranken Schädel schaut.

    Neulich zwinkert aus Spaß
    Ihr ein Auge aus Glas,

Und sie grämt sich, dass sie solchem Blödel traut.

Nie in Atemnot kam Jungmann Axel
Selbst bei wildem und heißem Geschnacksel.

    Jetzt aber ist zu erwähnen:

    Beginnt größtes Ächzen und Stöhnen

Schon beim 3-Stufen-Treppen-Gekraxel ...

Die Club-Empfangs-Mieze Grit Wehrmann,
Platinblond, heizt gern den Verkehr an.

    Doch ihr Kleinwagen SMART
    Ist so eng, klein und hart;

In dem Ding wär' Verkehr wirklich schwer, Mann!

Michel Schwab sieht der Wurstenden zwei ...
Grübelt, welche das Happy-End sei.

    Michel Preuss unterdessen
    Hat die Wurst längst gefressen.

Plötzlich tönt ein Geschrei:"Heiiideneiii!!"

Ein Professor bot an seinen Samen,
- Weil er geist-reich sei - zahlreichen Damen.

    Die aber wollten zumeist
    Lieber Körper als Geist;

Und so blieb die Welt klein-geistig. Amen.

Balettänzer, tanzen sie nackt,
Geraten alsbald aus dem Takt.

    Die drei **TTT** in der Mitte

    Sie behindern die Sch**rittt**e ...

Darum sind sie im **TTT-anga** verpackt.

> **Anlass:** Sprachenschule Köln/Hürth Ende 1969, viel Abendfreizeit. Preisausschreiben der Kölner **Firma Textilhaus Weingarten:** "Bilden Sie den längsten Satz mit Alliteration (= Worte immer mit gleichem Anfangsbuchstaben)".
> Mit Dudens Hilfe brachte ich es auf **309 Wörter.** Der **1. Preis:** Flug nach New York wurde "jlatt verjessen", dafür gab's einen schmucken Winterpullover; **Und ein Dokument für das Familien-Archiv (s. Folgezeilen)!**

Oh W(eh)! (1970, leicht überarbeitet 2006)

Wenn **w**onnig **w**arme **W**inde **w**est-süd**w**estlich **W**angerooge **w**ehen ...

- **w**echseln **w**eißelnde **W**egwarte **w**echsel**w**eise **w**aghalsige **W**itz**w**orte,

- **w**erfen **W**etter**w**arten **w**eg**w**erfend **W**arnungen **w**g. **w**ider**w**ärtiger **W**itterung **w**eg

- **w**eiden **w**ulstige **W**idder **w**eidlich, **w**eitab **w**ürziger **w**erbender **W**iesen

- **w**aten **w**ackere **W**att**w**anderer **w**endig **w**asser**w**ärts, wo **w**eiße **W**aden **w**underlich **w**achs**w**eich **w**erden,

- **w**idmen **w**ucherische **W**ald**w**irte **w**ürdigen **W**irtschafts**w**under**w**esen **w**ohl**w**ollenden **W**illkomm, **w**elcher**w**eise **W**hisky, **W**odka, **W**ermut,

Wachholder, Weißwein, wankende Wirkungen wecken

- wetteifern Wüstling Willi Wruke, Wüterich Wunibald Winzling, wiewohl Weiberheld Wolf-Willi Watzmann: wessen Westerwald-Wigwams-Walstatt Wollust-Wechselweib Waltraut Wummsfidel wohl wochenends wettbewerblich wollen wird,
- walken waffenwürdige westfälische Wachen windige Württemberger Wichte windel-weich, weil welche wetten wollten, warum Wiener Walzer weibliche Wimpern weiten,

- werden widerwillige Weiber wider Willens wieder willig!!

Wogegen:

wo winters wochenweise widerlich wilde Wolkenwände waberten, wie wirre Wattewülste windwärts wirbelnd,

- welken Wegerich, Wirsing, Waldmeister, Wiedewitte wie Wachtelweizen,
- winseln wedelnd winzige wuschelige Wauwau-Welpen, womit wölfische Wallungen wortwörtlich weiterwirken,

- wölben wiehernde Wallache wanstige Wampen, wo wellige Wiesen wahrlich welk-wässerig werden,

- wittern wuselige Wanzen wohlfeile wutschelige Weißwürste,

- warnen waidwunde Wachteln, wo würgende Wilderer weitab wurzeliger Wildwechsel wüstes WaidWerk wagen,

- wettern waldwärts Wallende, weil wilder Wegweiser-Wirrwarr wahrlich wenig witzig wirkt,

- wachsen wehrhafte Wunderwerkwälle, weiteren wummernden Wogen wohltätig wehrend,

- wispern wirtschaftlich wertvolle Wasserwerke, woraufhin waagrechte Wasserwaagen wutschnaubend Wurstwaren wässern

- weben warzige Wöchnerinnen,- wölbig, - was Wunder !-, weiche wollige Wirkwaren,

- weihen wer weiß wie weise Witwen Walhalls Wotan

wunderbar wächserne Weihwasserwannen,
welcher weiland, woimmer wüstes Wetter war,
wurschtigen Walküren während wütender
Wortwechsel wuchtige Watschen wischte,

o wimmern wetterwendische Waschweiber
weinerlich wegen winterlicher Wehwehchen,

o werkeln wachsame Wasserwachtwärter
wunder wie wichtig, wobei wracke
Wohnwagenwände wahnwitzig wackeln,

o wühlen wabblige Wasserwürmer wirklich
wünschenswerte Winterwohnungen,

*Wohingegen wir,
wohlweislich Wissende, Weihnachten wohlig
wärmende Weingarten-Wollwäsche* wählen!!!*

*) Ergebnis: 308 mal "W"

Sens und Nonsens

Legst an die Wurzel Du die Axt,
So hilft's Dir nicht, wenn Du nicht hackst.

Das Kind ausschütten mit dem Bade,
Ist Energieverschwendung - schade!

Spare in der Zeit,
so hast Du in der Not.
Kommt dann mal das Leid,
so lachst Du Dich halbtot..

Ein Mann, ein Wort.
Zwei Männer, zwei Bier.

Frisch gewagt ist halb gewonnen,
riefen 13 nackte Nonnen;
Und sie sprangen unbesonnen
In den kühlen Klosterbronnen.

Wer andern eine Grube gräbt,
fällt selbst hinein;
Wer andern nach dem Grübchen strebt,
Ist selbst ein Schwein.

Am Abend werd'n die Faulen fleißig
Und riechen morgens etwas schweißig.

Nach Adam Riese 1000 Miese.

Was Du heute kannst besorgen,
Das verschiebe nicht auf morgen.
Wenn's Dir nicht so wichtig ist,
Setz Dir eine andre Frist.

"Also" sprach Zarathustra,
Nicht mehr zu sagen wusst'ra.
Je später der Abend, umso schöner die Gäste.

Je länger die Feste, umso weniger Reste.

Noch ist nicht aller Tage Abend;
Noch sind nicht alle Küchen schabend.

Man soll den Tag nicht vor dem Abend loben ,
(den Sarkophag nicht vor dem Kollaps proben),
Denn in der Nacht erst toben die Mikroben.

Ordnung ist das halbe Leben
Doch nur das halbe Leben - eben!

Aus dem Auge, aus dem Sinn;
Aus dem Munde, übers Kinn.

Müßiggang ist aller Laster Anfang;
Auspuffqualm ist aller Laster Ende.

Reden ist Silber, Schweigen ist Gold.
Wer stets das Maul hält, wird überrollt.

Morgenstund hat Gold im Mund;
Zahnputz hält auch so gesund.

Eile mit Weile, feil mit der Feile.
Heil mir dem Beile - wohlfeile Geile.

Gut Ding will Weile haben.
Schlecht Ding will Keile haben.

Alter schützt vor Torheit nicht
Auch wenn es an Potenz gebricht.
Der Apfel fällt nicht weit vom Stamm
Und trägt des Vaters Monogramm.

Der Apfel fällt nicht weit vom Ross
Und bleibt nur eine Stunde kross.

Kein Baum wächst endlos in den Himmel;
So spart sich Gott ein Mordsgetümmel.

Er stand auf seines Daches Zinnen.
Zu träg, was Rechtes zu beginnen,.
Schrubbt er die Regenwasserrinnen.

Der kluge Mann baut vor.
Die kluge Witwe baut weiter.

Dein Wunsch ist mir Befehl.
Dein Punsch ist ein Juwel!

Man schob es auf die lange Bank;
Verwesend bildet sich Gestank.

Ein Kind, das in den Brunnen fällt,
Ist nach der Bergung leicht entstellt.

Das Kind, das in den Brunnen fiel,
Ist meistens nicht mehr ganz agil.

Nur einen ausgemachten Töffel
Balbiert man über seinen Löffel.

Was der Bauer nicht kennt, das frisst er nicht.
Wo der Hauer nicht pennt, da ist er nicht.

Nach der Arbeit sollst Du saufen;
Musst nur vorher etwas kaufen.